KB167338

신나는 **교과 체험학습** 시리즈 이렇게 활용하세요!

'체험학습'이란 책에서나 수업 시간에 배운 지식을 실제 현장에서 직접 경험해 보는 공부 방법이에요. 단순히 전시된 물건을 관람하거나 공연을 보는 것이 아니라 학습을 하기 전에 미리 필요한 정보를 조사하는 것까지를 포함한 모든 활동을 의미해요. 어떻게 공부할 것인지를 준비하면 그렇지 않은 경우보다 훨씬 더 많은 것을 보고 느끼게 되겠지요. 이 책은 체험학습을 하려는 어린이들에게 좋은 길잡이 역할을 할 거예요.

❶ 가기 전에 읽어 보세요

이 책은 체험학습 현장을 어린이들이 쉽게 이해할 수 있도록 풀이한 안내서예요. 어린이들이 직접 체험학습 현장을 찾아가는 데 필요한 정보가 들어 있어요. 체험학습 현장을 가기 전에 꼼꼼히 읽어 보세요.

❷ 현장에서 비교해 보세요

덕수궁과 정동에 관련된 흥미진진한 역사 이야기를 현장 사진과 함께 풀어놓았어요. 책에서 본 것들을 현장에서 직접 확인하다 보면 잘 이해가 되지 않았던 것들이 자연스럽게 이해될 거예요.

❸ 스스로 활동해 보세요

이 시리즈는 단지 지식을 전달하기 위한 교양서가 아니에요. 어린이 여러분이 교과서로 수업 시간에 배운 내용을 실제 현장에서 직접 체험하며 익힐 수 있도록 다양한 활동 내용을 담았지요. 책 중간이나 뒷부분에 이해를 돕기 위한 활동이 있으니 꼭 스스로 정리해 보세요.

❹ 견학 후 활동이 다양해요

체험학습 후에는 반드시 견학 후 여러 가지 활동을 해 보세요. 보고서 쓰기, 신문 만들기, 그림 그리기 등을 통해 체험학습에서 보고 들은 내용을 다시 한번 정리하면 알찬 체험학습이 될 거예요.

신나는 교과 체험학습 ⑰

살아 있는 근현대 역사의 현장 덕수궁과 정동

초판 1쇄 발행 | 2007. 10. 15.
개정 3판 9쇄 발행 | 2023. 11. 10.

글 김효중 | **그림** 이유나 이종호 | **감수** 이이화

발행처 김영사 | **발행인** 고세규
등록번호 제 406-2003-036호 | **등록일자** 1979. 5. 17.
주소 경기도 파주시 문발로 197(우-10881)
전화 마케팅부 031-955-3100 | 편집부 031-955-3113~20 | 팩스 031-955-3111

값은 표지에 있습니다.
ISBN 978-89-349-8511-2 64000
ISBN 978-89-349-8306-4 (세트)

좋은 독자가 좋은 책을 만듭니다. 김영사는 독자 여러분의 의견에 항상 귀 기울이고 있습니다.
전자우편 book@gimmyoung.com | 홈페이지 www.gimmyoungjr.com

어린이제품 안전특별법에 의한 표시사항

제품명 도서 **제조년월일** 2023년 11월 10일 **제조사명** 김영사 **주소** 10881 경기도 파주시 문발로 197
전화번호 031-955-3100 **제조국명** 대한민국 ⚠**주의** 책 모서리에 찍히거나 책장에 베이지 않게 조심하세요.

살아 있는 근현대 역사의 현장

덕수궁과 정동

글 **김효중** 그림 **이유나 이종호** 감수 **이이화**

주니어김영사

차례

덕수궁과 정동에 가기 전에

미리 준비하세요

1. 준비물 사진기, 수첩과 연필, 《덕수궁과 정동》 책, 지하철 노선도, 교통비

*덕수궁 안에는 식당이 없어요.
집에서 도시락을 준비해 오면 궁 안
곳곳에 마련된 긴 의자에서 즐겁게
먹을 수 있어요.

미리 알아 두세요

관람 시간	오전 9시~오후 9시(월요일은 휴관)
관람료	무료, 만 25세~만 64세 1000원(10인 이상 800원)
문의	02-771-9951
주소	서울특별시 중구 세종대로 99
홈페이지	덕수궁 http://www.deoksugung.go.kr

덕수궁에서는 주말에 다양한 행사가 열린답니다.
가기 전에 미리 홈페이지에서 확인해 보아요.

가는 방법

지하철	시청역 1호선(1번 출구), 2호선(1번 출구) 덕수궁 방면
버스	시청 앞에서 내려요. 출발하는 곳에 따라 하차하는 정류장이 다르니 시청 건물을 보고 오면 쉽게 찾을 수 있어요.

※덕수궁에는 주차장이 따로 없어요. 대중교통을 이용해 주세요.

덕수궁 문화 행사

행사명	행사 내용

덕수궁 대한문 앞에서는 궁궐 주위를 순찰하는 수문군들의 교대 의식을 재현하는 행사가 오전 11시, 오후 2시, 3시 30분, 하루 세 차례 열려요.

왕궁 수문장 교대 의식

숭례문 파수 의식

※ 덕수궁에 근무하는 수문군이 교대로 행사를 진행해요.

숭례문 파수 의식은 조선 시대 중요한 군례 의식이었던 파수(도성 수비), 즉 도성 문을 열고 닫는 개폐 의식과 순라 의식 등을 연결하는 의식을 재현하고 있는 행사입니다.

오전 10시, 오전 10시 40분, 오전 11시 20분, 오전 11시 40분, 오후 1시, 오후 1시 40분, 오후 2시 20분, 오후 3시, 하루 여덟 차례 행사가 열려요.

대한제국 외국공사 접견례

대한제국 외국공사 접견례는 대한제국 시기 외교 상황을 연극으로 재구성하여 역사의 한 장면을 직접 볼 수 있도록 재현하는 행사입니다. 1900년을 배경으로 외국공사들이 고종을 알현하는 의례와 연회를 재현하여, 공사 접견 방법과 더불어 군악대 연주, 검무, 사자춤 등 당시 연회 무대가 펼쳐집니다.

※ 단, 위의 행사들은 1년에 걸쳐 열리는 것으로, 해마다 조금씩 달라질 수 있어요. 홈페이지에서 미리 확인하세요.

열강의 침탈과 대한 제국

　1896년 초, 추위가 매서웠던 어느 겨울날, 일본의 간섭으로부터 벗어나기 위해 경복궁을 빠져 나와 러시아 공사관으로 피신해 있던 고종은 일 년 만에 궁궐로 다시 돌아왔습니다. 그러나 돌아온 곳은 경복궁이 아니라 러시아 공사관 근처에 있는 덕수궁이었어요. 그 부근에는 러시아 공사관뿐만 아니라 다른 열강*들의 공관들도 있어, 일본이 함부로 조선을 간섭하지 못할 것이라고 여겼기 때문이지요.

　덕수궁에서 고종은 바쁘게 움직였습니다. 조선의 국호를 대한 제국으로 바꾸어 선포하고, 새로 지은 원구단에서 하늘에 제사를 지낸 뒤 황제의 자리에 올랐어요. 제국주의 국가들이 호시탐탐 조선을 노리고 있던 때에 야심차게 새로운 발전을 도모하고자 했던 것이지요. 실제로 부국강병*을 위해서 여러 가지 개혁 정책을 추진하기도 했습니다.

　고종의 이러한 움직임으로 대한 제국은 일본의 간섭에서 어느 정도 벗어날 수 있었지만, 다른 열강의 간섭을 받아야 하는 또 다른 어려운 처지에 놓이게 되었답니다.

1896년 아관파천
1899년 황궁우 건립

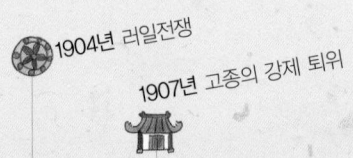
1904년 러일전쟁
1907년 고종의 강제 퇴위
1910년 일제의 강제 합병*

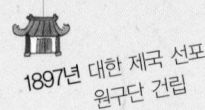
1897년 대한 제국 선포
원구단 건립

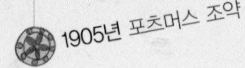
1905년 포츠머스 조약

대한 제국 수립 이후 줄곧 전개되어 온 러시아와 일본의 대결은 1904년에 일어난 러일전쟁을 계기로 점차 일본 쪽으로 힘이 기울기 시작했습니다. 전쟁에서 승리한 일본은 한편으로는 미국과 영국을 견제하면서 본격적으로 대한 제국을 침탈하기 시작했습니다.

1905년에는 이미 그 전에 맺은 제1차 한일협약(1904)에 이어 을사조약으로 잘 알려져 있는 제2차 한일협약을 맺어 외교권을 강제로 빼앗아 갔고, 이토 히로부미를 통감으로 보내어 대한 제국의 정치를 본격적으로 간섭하기 시작했습니다.

이에 온 백성들이 격분하여 저항했지만 일본의 침략 야욕을 물리치지는 못했어요. 심지어 일본은 1907년, 네덜란드 헤이그에 특사를 파견한 것을 빌미로 삼아 고종 황제를 강제로 황제의 자리에서 물러나게 하는 만행을 저질렀습니다.

고종 대신 순종을 황제의 자리에 올린 뒤에는 한일신협약을 맺어 우리 군대까지 해산시키며 침략의 속셈을 노골적으로 드러냈습니다. 순종은 황제의 자리에 오르자마자 창덕궁으로 옮겨 갔지만 고종은 기울어 가는 대한 제국의 운명을 바라보며 쓸쓸히 덕수궁에 머물러 있었답니다.

이후 일본은 대한 제국의 사법권과 경찰권마저 빼앗은 뒤 1910년 강제로 나라를 빼앗았고 이때부터 대한 제국은 역사 속으로 사라지고 말았습니다.

열강 : 여러 강한 나라들.
부국강병 : 나라를 부유하게 만들고 군대를 강하게 함.
합병 : 둘 이상의 기구나 단체, 나라 따위를 하나로 합침.

한눈에 보는 덕수궁과 정동

덕수궁과 정동은 조선 시대 후기부터 근현대에 이르는 갖은 역사의 흔적이 남아 있는 곳이에요.

특히 외국에 문호를 연 뒤부터 시작된 개화 정책의 흔적과 열강들이 이권을 침탈하려는 과정에서 생긴 아픔이 고스란히 남아 있기도 해요.

덕수궁과 정동 일대를 돌아보면서 역사의 흔적들을 찾아보고, 더불어 그 흔적과 관련된 역사적 사실도 생생하게 보고 느껴요.

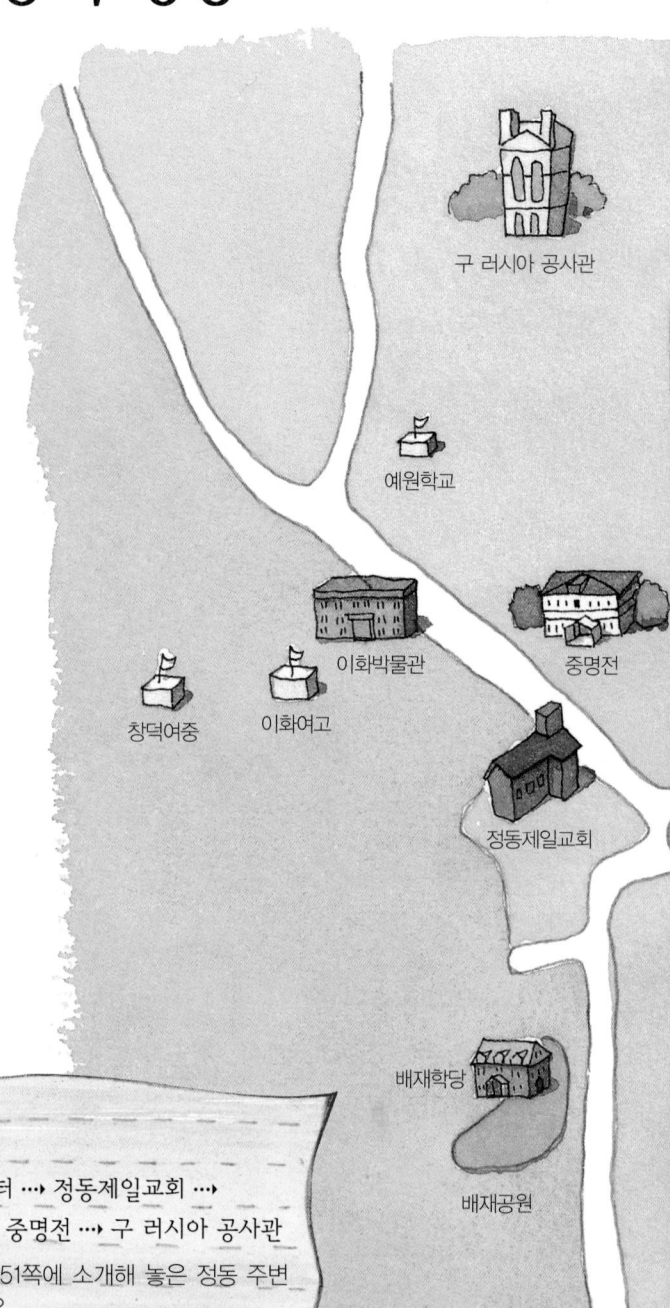

구 러시아 공사관

예원학교

이화박물관

중명전

창덕여중

이화여고

정동제일교회

배재학당

배재공원

이런 순서로 돌아보아요!

덕수궁 ┈➔ 황궁우 ┈➔ 옛 대법원 터 ┈➔ 정동제일교회 ┈➔ 배재학당 동관 ┈➔ 이화박물관 ┈➔ 중명전 ┈➔ 구 러시아 공사관

이 순서대로 돌아본 다음 50쪽과 51쪽에 소개해 놓은 정동 주변의 다른 유적지들도 꼭 둘러보아요.

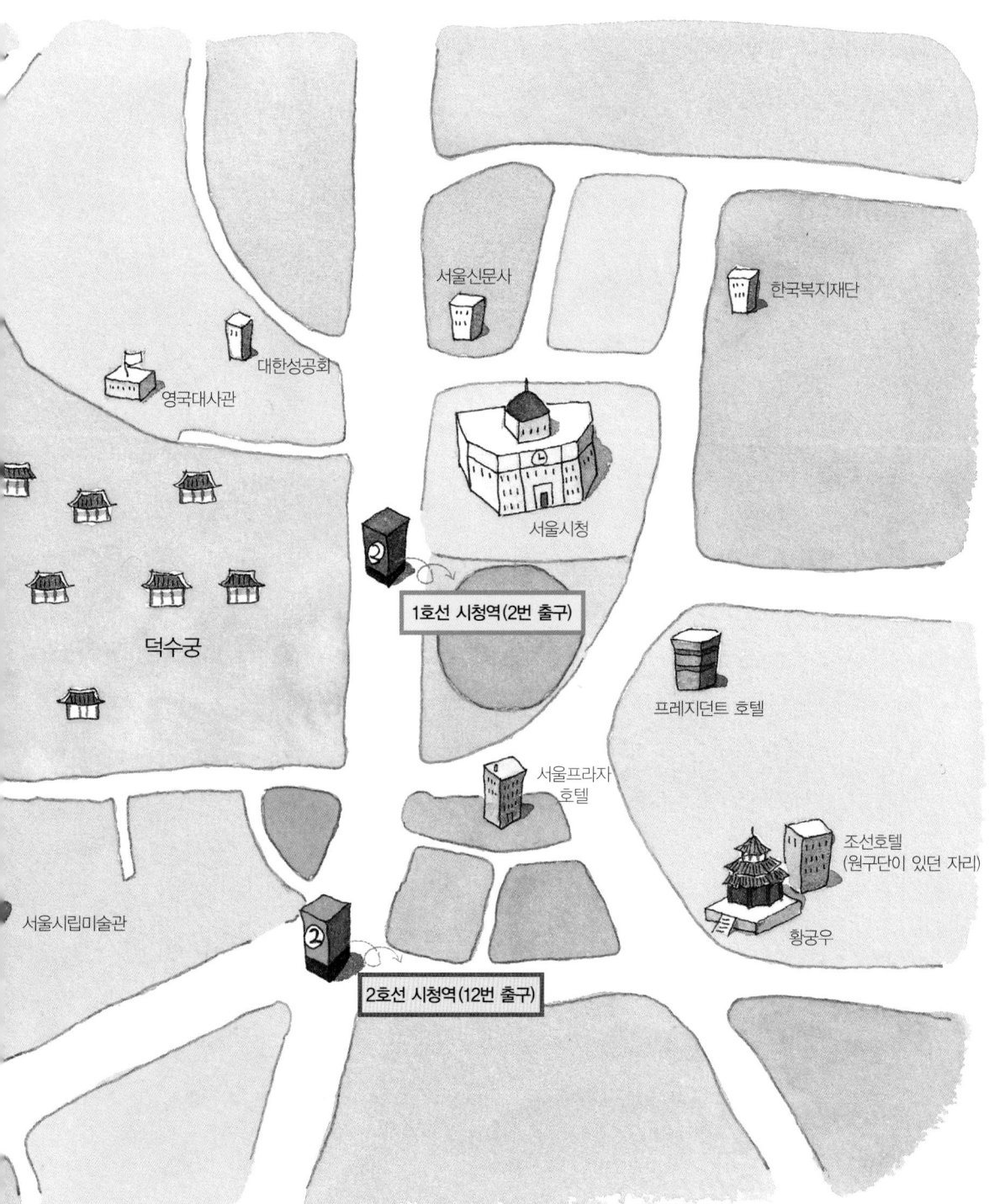

서울신문사

한국복지재단

대한성공회

영국대사관

서울시청

덕수궁

1호선 시청역 (2번 출구)

프레지던트 호텔

서울프라자
호텔

조선호텔
(원구단이 있던 자리)

서울시립미술관

2호선 시청역 (12번 출구)

황궁우

우리의 전통과 서양 문물의 만남
덕수궁

첫 번째로 돌아볼 곳은 덕수궁이에요. 여기는 원래 조선 9대 임금이었던 성종의 형 월산대군의 집이었는데 임진왜란 이후 임금이 머무는 궁으로 쓰이게 되었어요. 이 때 덕수궁은 '정릉동 행궁*'으로 불렸어요. 그 뒤 광해군이 이곳에서 임금의 자리에 오르면서 '경운궁'으로 이름이 바뀌게 되었지요.

경운궁이 다시 덕수궁으로 바뀐 것은 1907년이에요. 대한 제국 당시 고종 황제가 순종에게 황제의 자리를 물려주고 나서 경운궁에 계속 머물자, 순종이 고종 황제의 장수를 비는 뜻에서 덕수궁으로 고쳐 부르게 된 것이지요.

이렇게 덕수궁의 이름은 여러 번 바뀌었어요. 그만큼 덕수궁 곳곳에 남아 있는 역사의 흔적도 다양하답니다. 특히 개항이란 이름으로 나라의 문을 열고 난 뒤 외국 열강들의 침탈에 힘겹게 맞섰던 대한 제국 시절 덕수궁의 모습은 큰 변화를 겪었어요. 우리의 전통에 서양의 문물이 더해져서 다른 궁궐들과 달리 서양의 건축 양식을 많이 엿볼 수 있지요.

자, 우리 근현대 역사의 숨결이 느껴지는 덕수궁으로 들어가 볼까요?

석조전 서관
(덕수궁 미술관)

광명문

행궁 : 임금이 나들이 때에 머물던 별궁

이런 순서로 돌아보아요!

대한문 ⋯ 금천교 ⋯ 중화문 ⋯
중화전 ⋯ 석어당 ⋯ 즉조당과 준명당 ⋯
함녕전과 덕홍전 ⋯ 정관헌 ⋯ 석조전 동관 ⋯
석조전 서관(덕수궁 미술관) ⋯ 광명문

석조전 동관

준명당

즉조당

석어당

중화전

중화문

정관헌

덕홍전

함녕전

금천교

대한문

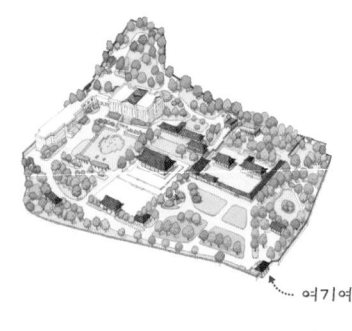

여기예요!

근대의 문을 열다

모두 모였나요? 여러분이 서 있는 이곳이 덕수궁으로 들어가는 '대한문' 앞이에요. 더불어 근대의 역사로 들어가는 입구이기도 하지요. 앞을 보세요. 넓은 서울광장이 있어요. 1919년 3월 1일에는 독립을 외치는 우리 민족의 만세 소리로, 1987년에는 민주화를 외치는 시민들의 구호로 가득 찼던 거리예요.

대한문
덕수궁의 정문으로 사용
되고 있어요.

1900년

덕수궁의 역사

● 1611년 광해군 3년에 수리를 마친 창덕궁으로 옮기면서 '경운궁' 으로 부름

● 1623년 인조 반정 이후 인조가 즉조당에서 왕위에 오름. 인조가 인목대비와 창덕궁으로 옮김

● 1593년 임진왜란 때 모든 궁궐이 불에 타 의주로 피난 갔던 선조가 한성으로 돌아온 뒤 궁궐로 사용함. 당시 '정릉동 행궁' 으로 부름

● 1618년 광해군이 인목대비를 폐위한 뒤 머물게 하면서 '서궁' 으로 낮추어 부름

● 1897년 아관파천 이듬해에 고종이 러시아 공사관에서 경운궁으로 돌아와 궁궐로 사용. 대한 제국을 선포하고 황제의 자리에 오름

참, 2002년과 2006년에는 월드컵을 응원하며 '대한 민국'을 외치던 함성이 이 곳을 가득 메우기도 했었지요.

거리에는 지금도 차와 사람들이 바쁘게 오가며 새로운 역사를 만들어 가고 있어요. 그 사람들 중에 외국인들도 자주 눈에 띄어요. 외국인들이 요즘에만 이렇게 많은 것일까요? 그렇지 않아요. 지금으로부터 100여 년 전에도 이 길에는 지나다니는 외국인들이 무척 많았답니다. 한강 나루터가 가까워 우리 나라에 외교를 맺으러 온 외국 공관들이 덕수궁 부근에 자리를 잡았거든요.

아픈 역사가 서려 있는 이름, 덕수궁

덕수궁이라는 이름은 대한 제국 때 붙여졌어요. 그런데 그 이름에는 아픈 역사의 흔적이 남

대한문의 원래 이름은?

대한문의 원래 이름은 '대안문'이었어요. 그런데 1904년에 덕수궁에 큰불이 난 뒤 다시 지으면서 현판을 '대한문'으로 바꿔 단 것이지요. 지금은 대한문이 덕수궁의 정문으로 이용되고 있지만 원래는 경운궁의 동쪽 문이었어요. 다른 궁궐을 보면 정문으로 이용된 문들은 공통적으로 '화'자가 가운데 들어가요. 광화문, 돈화문, 홍화문, 흥화문처럼 말이에요. 그런데 대한문은 그렇지 않아요. 그것이 덕수궁의 정문이 아니었다는 증거이지요. '화'자에는 '백성을 교화하고 감화시킨다.'는 뜻이 담겨 있어요.

오늘날 대한문이 서 있는 자리도 원래 자리가 아니에요. 대한문 앞의 길을 넓히면서 원래 자리에서 10여 미터나 뒤로 밀려난 것이지요.

덕수궁의 역사를 되살리려면 대한문의 자리와 역할도 더불어 찾아 주어야 할 거예요.

2002년

대한민국!

대한민국!

1904년 경운궁에 큰불이 나서 경운궁 안의 많은 궁궐들이 불에 탐

1919년 고종이 세상을 떠남

1946년 광복 후 석조전에서 미소공동위원회가 열림

1905년 중명전에서 을사조약이 강제로 체결됨

1907년 일본이 고종을 황제의 자리에서 강제로 물러나게 함. 순종은 황제의 자리에 오른 뒤 창덕궁으로 옮기고 고종 황제만 머무름. 이 때부터 덕수궁으로 불리기 시작함

아 있답니다.

　1907년의 일이었어요. 고종은 1905년에 강제로 체결된 을사조약의 부당함을 전 세계에 알리기 위해 네덜란드 헤이그에서 열린 만국 평화 회의에 이준 등 특사 3명을 보냈어요. 하지만 일본의 방해와 외교권이 없다는 이유로 회의장에 들어가지 못했답니다. 그런데 특사를 보냈다는 사실을 뒤늦게 안 일본은 이를 트집잡아 고종을 강제로 물러나게 하고 그 대신 아들 순종을 황제의 자리에 오르게 했어요.

　그 뒤에도 고종은 경운궁에 계속 머물렀는데, 그 때 순종이 '오래 살라'는 뜻을 담아 '덕스러울 덕(德)', '목숨 수(壽)'의 '덕수'라는 궁호를 지어 올렸답니다. 고종의 궁호인 '덕수'를 따서 경운궁은 '덕수궁(德壽宮)'으로 이름이 바뀌게 되었지요.

　그런데 일본은 그 뒤 고종 황제를 '덕수궁 전하'로, 순종을 '창덕궁 전하'로 격을 낮추어 불렀어요. 황제나 황후에 대한 호칭인 '폐하'라고 부르지 않고 그 아래의 격인 '전하'로 낮추어 부른 것이지요. 결국 '덕수궁'은 순종이 아버지에 대한 효심으로 지어 올렸으나 일본의 왜곡과 멸시로 본래의 좋은 뜻을 잃고 말았답니다.

특사
특별한 임무를 주어 보내는 사절을 뜻해요.

궁호
조선 시대에 공덕을 칭송하여 올리는 칭호예요.

어느 문으로 들어 갈까요?

　자, 이제 대한문으로 들어가 볼까요? 그런데 잠깐만요. 대한문은 들어갈 수 있는 문이 3개로 나누어져 있어요. 왜 그럴까요? 임금과 신하들이 다니는 길을 따로 만들었기 때문이에요. 세 개의 문 중에서 임금은 가운데에 있는 큰 문으로 드나들었어요. 그 문을 '어문'이라고 해요. 양쪽의 두 문은 문반과 무반이 지나다녔고요. 대한문 입구에서 '들어가는 곳'이라고 쓰여 있는 곳은 문반들이 드나들던 문이었어요. 그 반대편 문은 무반들이 이용하던 문이었고요.

대한문을 통과하면 다리가 하나 있지요. 금천교라고 해요. 금천교 위의 길도 세 부분으로 나누어져 있어요. 역시 덕수궁 안을 바라보고 가운데는 왕이, 오른쪽은 문반, 왼쪽은 무반이 각각 지나다녔어요. 이 길을 '삼도'라고 하지요.

삼도
금천교는 길이 세 부분으로 나누어져 있어요. 가운데는 왕이, 오른쪽과 왼쪽은 문반과 무반이 지나다니던 길이에요.

금천교
대한문을 통과하면 나오는 다리예요. 옛날에는 다리 밑으로 물이 흘렀지만 지금은 흐르지 않아요.

문반
문관의 신분을 뜻해요. 역사, 철학 등 학문을 익혀 관리가 된 사람이지요.

무반
무관의 신분을 뜻해요. 군사 일을 맡아보던 관리이지요.

여기서 잠깐!

'하마비'에 대해 알아보아요.

하마비는 그 앞을 지날 때 신분이 높고 낮음에 상관없이 누구나 타고 가던 말에서 내리라는 뜻을 새긴 비석이에요. 묘지 입구나 궁궐의 문 앞에 세워 두었지요. 덕수궁에도 하마비가 있는데, 원래는 대한문 밖에 있었으나 지금은 금천교 입구에 있어요.
비석에 써 있는 한자를 읽고, 아래 빈 칸에 한자의 음을 써 보세요.

大小人員皆下馬 ➡ _____

도움말 人員은 사람의 '수효'이지만 여기서는 벼슬아치를 뜻해요. '인원'으로 읽어요. 皆는 '모두'를 뜻하고 '개'로 읽지요.

☞ 정답은 56쪽에

13

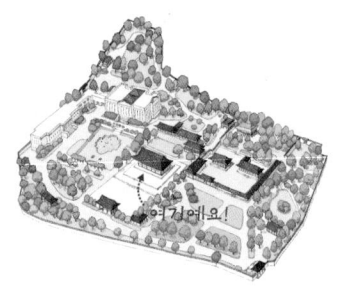
여기예요!

덕수궁의 정전, 중화전

 **정전**
국가 행사가 열리거나 신하들이 모여 조회를 하던 곳. 법전이라고도 해요.

품계석
신하들이 자신의 품계에 맞게 서야 할 자리를 표시하려고 세운 돌. 중화전의 앞자리에 있을수록 품계가 높아요.

금천교 위로 이어진 삼도를 따라 천천히 앞으로 걸어가면 길 오른쪽에 서 있는 큰 문을 만날 수 있어요. 바로 '중화문'이에요. 중화문은 정전인 중화전으로 들어가는 입구예요. 이 중화문 앞쪽에는 넓은 빈터가 있는데 그 주변이 바로 덕수궁의 원래 정문인 인화문이 있던 자리랍니다. 원래 인화문, 중화문, 중화전은 거의 일직선으로 세워져 있었어요. 그런데 중화문 앞에 서면 한 가지 의문이 들어요.

'이 문이 정말 중화전으로 들어가는 문 맞아?'

왜냐 하면 중화문의 좌우로 담의 역할을 하는 회랑이 없기 때문이지요. 이 때문에 중화문을 지나서 품계석이 좌우로 늘어서 있는 뜰 안으로 들어가도 안으로 들어선 느낌이 들지 않아요. 그런데 처음부터 담이 없었던 것은 아니랍니다. 일제 강점기에 일본이 그 앞에 가로로 난 길을 넓히면서 없애버린 것이지요.

중화전
1902년에 지어진 중화전은 보물 제819호로 지정되어 있어요. 중화전 안에는 임금이 앉았던 자리인 용상이 있고 그 뒤로 임금의 만수무강을 바라는 '일월오악병풍'이 놓여 있어요. 일월오악병풍은 해와 달, 다섯 채의 산이 그려진 그림이랍니다.

중화문을 지나면 덕수궁의 가장 중요한 건물인 중화전이 나와요. 뜰에는 삼도가 중화전 앞까지 이어져 있고, 그 주변에는 관리들의 품계를 나타내는 품계석이 세워져 있어요. 조회를 할 때 벼슬아치들은 궁궐에 도착한 순서대로 서지 않고 이 품계석을 보고 자신의 품계에 맞는 자리에 섰답니다. 아무리 늦게 도착했더라도 영의정, 좌의정, 우의정과 같은 최고 벼슬아치들은 임금과 가장 가까운 정1품 품계석 옆에 서야 했고, 서울 시장에 해당하는 한성판윤은 정2품이어서 세 정승 뒤에 서야 했어요.

그런데 길이 왜 이렇게 울퉁불퉁하냐고요?

얇고 넓게 다듬어 길을 만드는 데 사용한 돌을 박석이라고 하는데 길이 대부분 이러한 박석으로 되어 있기 때문이에요.

길을 박석으로 깔아 놓은 이유는 벼슬아치들이 신는 신발 바닥이 미끄러워 걷다가 넘어지는 것을 막기 위해서였어요. 또 햇빛을 여러 방향으로 흩어지게 하여 임금이나 벼슬아치들이 눈부심 때문에 얼굴을 찡그리는 일이 없도록 하기 위해서였지요. 특히 임금 앞에서 계속 허리를 굽히고 있어야 하는 벼슬아치들은 강한 빛이 반사되면 눈을 뜨고 있기가 더 힘들었기 때문에 울퉁불퉁한 박석으로 길을 만든 것이랍니다.

박석
매끄럽게 깎지 않고 울퉁불퉁하게 만들어 오히려 자연스러운 아름다움이 잘 살아나 있어요.

새가 둥지 트는 것을 막기 위해 쳐 놓은 그물, 부시

이제 중화전을 자세히 살펴볼까요? 그런데 중
화문과 중화전 현판에 그물이 쳐져 있네요. 왜 그
물을 쳐 놓았을까요? 이 그물은 '부시'라고 하는

단청

데, 새들이 건물 처마 밑에 둥지를 트는 것을 막기 위해 쳐 놓은 것
이에요. 새가 둥지를 틀면 단청이 벗겨지거나 더러워질 뿐 아니라
둥지 안에 있는 어린 새나 새알을 먹기 위해 뱀이 다가갈 수도 있
으니까요.

그런데 중화전은 규모가 큰 것처럼 보이면서도 어딘지 모르게 비
례가 맞지 않는 것처럼 보여요. 지붕은 크고 넓은데 기둥은 낮아 지
붕에 눌려 있는 듯한 느낌이 들기 때문이에요. 왜 이런 모습일까
요? 중화전도 원래는 경복궁의 근정전처럼 웅장한 건물이었어요. 그
런데 1904년에 큰불이 난 뒤로 다시 지으면서 건축 비용이 많이 들
어 원래대로 복원하지 못하고 지금의 모습처럼 지었답니다.

황제의 상징, 용

중화전으로 오르다 보면 입구에서 답도를 만나게 돼요. 답도 한가
운데에는 용 두 마리가 새겨져 있는 네모난 판석이 있어요. 다른 궁
궐의 판석에는 봉황이 새겨져 있는데 이 곳에는 왜 용이 새겨져 있
을까요? 중화전은 대한 제국의 황제가 머물던 황궁이었기 때문이
에요. 봉황보다 용의 격이 한 단계 더 높거든요.

중화전 안의 천장에도 용 두 마리가 날고 있
고, 황제가 앉는 어좌에도 용머리가 장식으로
조각되어 있어요. 황금색 창호도 황궁의 특징
이랍니다.

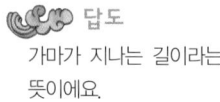
단청
전통 건물의 천장, 기둥,
벽 등에 칠을 하거나 그
림을 그려 넣은 거예요.

답도
가마가 지나는 길이라는
뜻이에요.

덕수궁 중화전 답도(왼쪽)와 경복궁 근정전 답도(오른쪽)에 있는
판석이에요. 중화전 판석에는 용무늬가 선명하게 새겨져 있어요.

용 무늬 천장(왼쪽)과 황제의 권위를 나타내는 황금색 창호(오른쪽)

왕의 권위를 나타내는 정, 불을 끄는 드므

중화전에는 다른 궁궐의 정전처럼 각 모서리마다 큰 향로 모양의 청동 솥이 있어요. 이것을 '정'이라고 해요. 다리는 셋, 귀처럼 보이는 손잡이가 두 개 달려 있지요. 모양은 향로처럼 생겼지만 향로가 아니라 왕의 권위와 다스리는 지역의 범위를 상징하는 물건이에요.

그 아래 하월대에는 가마솥처럼 생긴 통이 있어요. 이 통의 이름은 '드므'예요. '넓적하게 생긴 독'이라는 뜻을 가지고 있는 순 우리말이지요. 이렇게 드므를 둔 데에는 여러 의미가 있어요. 평소에는 물을 채워 넣어 불귀신이 근처에 얼씬하지 못하도록 했어요. 또 불귀신이 근처에 왔다가도 드므의 물에 비친 자신의 무서운 모습을 보고 깜짝 놀라 도망가게 한다는 주술적인 의미도 있지요. 물론 실제로 불이 나면 불 끄는 데 사용하기도 했답니다.

정
한자로는 '鼎(솥 정)'이라고 써요. 고대 중국에서 들어온 것으로 백성들을 편안하게 하고 하늘에 복을 비는 뜻을 담고 있기도 하지요.

주술
불행이나 재앙을 막으려고 주문을 외거나 술법을 부리는 일이에요.

여기서 잠깐!

드므는 어디에 썼던 물건일까요?

보기에서 알맞은 내용을 골라 번호를 써 보세요. (   )

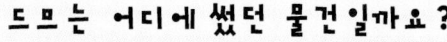

보기

① 밥을 짓는 가마솥이에요.
② 꽃을 꽂아 놓는 꽃병이에요.
③ 불을 끄는 데 사용한 도구예요.

☞ 정답은 56쪽에

중화전을 한눈에 보아요!

자, 중화전을 구석구석 둘러보았나요? 그러면 이제 중화전을 한눈에 들여다보아요. 덕수궁에서 가장 중요한 건물이니만큼 하나도 놓치지 말고 꼼꼼히 살펴보자고요!

잡상
건물에 사는 사람을 보호해 주는 수호신이에요.

단청
단청에 그려진 무늬는 나쁜 기운을 막아 주는 상징적 의미를 담고 있어요.

창호
황금색으로 칠하여 황제의 권위를 나타내고 있어요.

답도
황제가 가마를 타고 지나다니던 답도예요. 한가운데에 판석이 있고 양쪽 난간에는 성스러운 돌짐승이 있어요.

팔작지붕
팔자 모양처럼 생겼다고 해서 팔작지붕이
라고 해요. 맞배지붕과 함께 우리 건축물
에 가장 많이 쓰이는 지붕 모양이지요.

다포식 공포
처마 끝이 내려앉지 않도
록 여러 개의 나무 기둥을
짜맞추어 댄 것이에요.

상월대(위)와 하월대(아래)
궁중행사 때 악사나 무희들이
춤을 추던 곳이에요.

정
중화전의 네 모퉁이에 있어요.

품계석
오른쪽과 왼쪽에 각각 12개씩 놓여 있어요. 정1품부터
정9품까지 있는데 1품부터 3품까지는 정(正)과 종(從)
을, 4품부터 9품까지는 정(正)의 품계석만 두었어요.

19

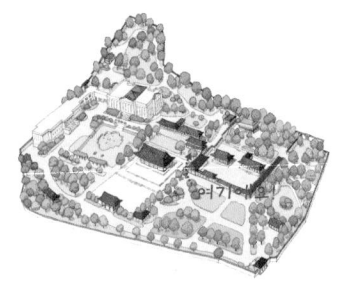

왕이 업무를 보던 편전, 석어당

중화전의 오른쪽으로 돌아가면 이층 건물이 있어요. 현판에 있는 건물의 한자 이름을 오른쪽부터 읽어 보세요. '석어당'이에요. 석어당은 덕수궁에서 나무로 지은 건물 가운데 유일하게 남아 있는 이층 건물이에요. 또, 단청이 없는 것이 특징이지요.

석어당은 단청이 없는 것이 특징이에요. 앞의 중화전과 어떻게 다른지 비교해 보세요.

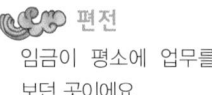 **편전**
임금이 평소에 업무를 보던 곳이에요.

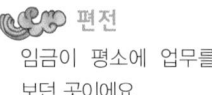 **승하**
임금이나 존귀한 사람이 세상을 떠남을 높여 이르는 말이에요.

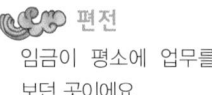 **중종 반정**
1506년에 성희안, 박원종 등이 연산군을 몰아내고 성종의 둘째 아들인 진성대군을 왕으로 올린 사건이에요.

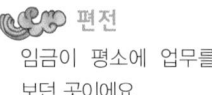 **반정**
'돌이켜 바로 잡는다.'는 뜻으로, 왕이 정치를 잘못할 때 새로운 왕을 세워 잘못된 정치를 바로 잡고자 일으켰어요.

석어당은 편전이에요. 임금이 평소에 업무를 보던 곳이었지요. 지금 보는 석어당 건물은 1904년에 큰불이 난 뒤 다시 복원하여 지은 거예요.

임진왜란이 끝난 뒤 평안북도 의주로 피난 갔던 선조가 한성으로 다시 돌아와 승하할 때까지 이 곳에서 머물렀어요. 석어당에는 선조의 뒤를 이은 광해군과 얽힌 사연이 많아요. 광해군이 이 궁에서 임금의 자리에 오른 뒤 오래 머물지는 않았지만 그 때 큰 사건들이 많이 일어났거든요.

인조 반정의 현장

1623년 3월, 조선에서는 중종 반정에 이어 두 번째 반정이 일어났어요. 광해군이 임금이 된 지 15년째 되던 해의 일이었지요. 광해군은 선조의 서자였어요. 광해군의 어머니인 공빈 김씨는 후궁이었거든요. 게다가 광해군에게는 형인 임해군도 있었어요. 따라서 세자로 정해질 때부터 광해군이 임금의 자리를 물려받는 것이 옳은가에 대한 문제로 논란이 많았지요.

결국 임진왜란 중에 광해군이 세자가 되기는 했으나, 선조의 정비인 의인 왕후가 승하하자 1602년 선조는 다시 왕비를 맞아들였어요. 당시 왕비의 나이는 열아홉 살이었어요. 이 왕비가 바로 인목 왕후랍니다. 스물여덟 살의 광해군보다 무려 아홉 살이나 어렸지요.

궁궐에 들어온 인목 왕후는 이듬해에 아기를 가졌어요. 이 때부터 궁궐 내에는 긴장감이 감돌기 시작했어요. 인목 왕후가 아들을 낳는다면 광해군보다 우선적으로 임금이 될 수 있는 자격을 갖게 되기 때문이었지요. 다행히 첫째는 딸이었어요. 그런데 그로부터 3년 뒤 인목 왕후는 아들 영창대군을 낳았어요.

이 때부터 광해군을 지지하는 세력과 영창대군을 지지하는 세력 사이에 왕위 계승을 둘러싼 갈등이 심해졌어요.

선조는 영창대군에게 왕위를 물려주려고 했어요. 그러나 영창대군이 세 살 되던 해에 선

> **서자**
> 본부인이 아닌 작은부인이 낳은 아들을 뜻해요.

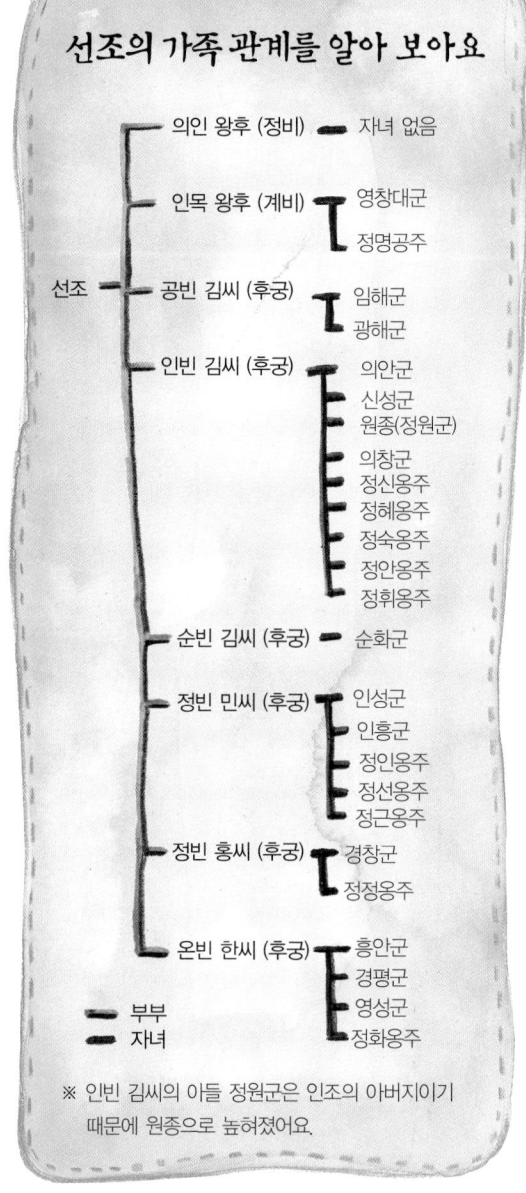

선조의 가족 관계를 알아 보아요

- 선조
  - 의인 왕후 (정비) — 자녀 없음
  - 인목 왕후 (계비) — 영창대군 / 정명공주
  - 공빈 김씨 (후궁) — 임해군 / 광해군
  - 인빈 김씨 (후궁) — 의안군 / 신성군 / 원종(정원군) / 의창군 / 정신옹주 / 정혜옹주 / 정숙옹주 / 정안옹주 / 정휘옹주
  - 순빈 김씨 (후궁) — 순화군
  - 정빈 민씨 (후궁) — 인성군 / 인흥군 / 정인옹주 / 정선옹주 / 정근옹주
  - 정빈 홍씨 (후궁) — 경창군 / 정정옹주
  - 온빈 한씨 (후궁) — 흥안군 / 경평군 / 영성군 / 정화옹주

— 부부
— 자녀

※ 인빈 김씨의 아들 정원군은 인조의 아버지이기 때문에 원종으로 높여졌어요.

인조 반정을 일으킨 주된 명분은 무엇이었을까요?

명분은 두 가지였어요. 첫 번째는 광해군이 중립 외교를 펼쳤다는 것이에요. 당시 중국에서는 명과 후금이 맞서고 있었는데 조선의 조정에서는 임진왜란 당시 조선을 도와 준 명나라를 도와야 한다는 생각이 강했어요. 그런데 광해군은 명과 후금 어느 편에도 서지 않고 중립 외교를 펼치니 벼슬아치들이 못마땅해했던 것이지요.

두 번째 이유는 형제들을 죽이고 어머니 격인 인목 왕후를 폐비시킨 패륜아를 임금으로 모실 수 없다는 것이었어요.

조가 갑자기 승하하는 바람에 그 뜻은 이루어지지 못하고 광해군이 왕위에 올랐어요. 광해군이 왕위에 오르자 그를 따르는 신하들은 왕위 계승의 정통성에 문제가 생길 것을 염려하여 여덟 살밖에 안 된 어린 영창대군을 강화도로 유배 보냈어요. 그리고 1년 뒤 뜨거운 방 안에 가두어 숨지게 하였지요.(1614) 그로부터 몇 년 뒤에는 광해군이 인목 왕후를 왕비의 격을 박탈하여 서인으로 만들고 석어당에 유폐시켰어요.

하지만 5년이 지난 1623년에는 상황이 정반대로 바뀌었지요. 광해군을 반대하던 사람들이 광해군을 왕의 자리에서 내리고 새로운 왕을 세우기 위해 반정을 일으킨 거예요.

창덕궁에 있던 광해군은 반정이 일어나자 한 내관의 등에 업혀 도망쳤어요. 그러나 바로 잡혀서 석어당의 인목 왕후 앞으로 끌려왔지요. 그 때 인목 왕후는 광해군의 죄목 36가지를 말한 뒤 광해군을 폐위시키고, 선조의 손자이자 광해군의 조카였던 능양군을 왕위에 오르게 했답니다. 그렇게 인조 반정은 끝이 났어요.

 **서인**
아무 벼슬이나 신분적 특권을 갖지 못한 일반 사람을 말해요.

유폐
아주 깊숙이 가두어 두는 것을 뜻해요.

죄목
저지른 죄의 명목을 뜻해요.

사람 일은 알 수 없는 거야.

22

인조의 즉위식이 열렸던 즉조당

반정 직후 능양군은 반정을 일으킨 사람들의 지지와 인목 왕후의 동의를 얻어 석어당의 뒤편에 있는 즉조당 앞뜰에서 즉위식을 올렸어요. 광해군이 즉위식을 올렸던 바로 그곳이었지요. 이 왕이 조선 16대 왕인 인조예요.

석어당 뒤에 있는 즉조당과 준명당 또한 석어당처럼 편전으로 쓰였어요. 두 건물은 서로 대칭을 이루며 두 채의 행각으로 연결되어 있답니다. 즉조당에는 대한 제국의 역사도 고스란히 담겨 있어요. 고종 황제가 러시아 공사관에서 돌아온 뒤 즉조당을 태극전으로 고치고 중화전이 완공된 1902년까지 정전으로 사용했지요. 준명당은 편전으로 썼는데, 고종 황제는 이 곳에 머물면서 업무를 보거나 외국 사신들을 접견했답니다.

여기서 잠깐!

다음 한자를 써 보세요.

즉조당과 준명당으로 가서 현판의 글씨를 채워 완성해 보세요.

1.

즉조당

2.

준명당

정답은 56쪽에

광해군은 왜 다른 왕들처럼 '종'이나 '조'를 붙이지 않았나요?

반정이란 정치를 잘못하고 있는 왕을 폐하고 새로운 왕을 세워 그릇된 정치를 바로잡으려고 일으킨 사건을 말합니다. 조선 시대에는 반정이 두 번 일어났는데, 중종과 인조가 이런 반정을 통해 왕이 되었지요.

원래 '조' 또는 '종'이 붙는 왕의 묘호*는 왕이 죽은 뒤에 붙이는 것이에요. 나라를 세웠거나 큰 업적이 있는 왕에게는 '조'를, 앞선 왕의 업적을 이어받아 덕으로써 나라를 다스린 왕에게는 '종'을 붙였지요. 그런데 연산군과 광해군은 죽기 전에 이미 폐위되었으니 반정을 일으킨 세력들이 왕으로 인정할 리가 없었어요. 그래서 세자 때 불리던 이름을 그대로 사용한 것이지요. 연산군과 광해군 때의 역사도 실록으로 기록하지 않고 격을 낮추어 《연산군 일기》와 《광해군 일기》로 각각 전해 오고 있어요.

무덤도 왕의 무덤은 '능'이라 불리지만 연산군과 광해군의 무덤은 군(君)*의 격식에 따라 그냥 '광해군묘', '연산군묘'라고 불려요. 그뿐만 아니라 왕이 묻혀 있다고 보기에는 무덤의 규모도 작고 초라하답니다.

《광해군 일기》나 《계축 일기》의 기록을 통해 광해군 때의 일들을 알 수 있어요. 이 책들은 모두 그 당시 광해군을 반대하던 사람들이 쓴 것이라 광해군에 대해 일부러 좋지 않게 쓴 부분도 있을 것으로 여겨져요. 그래서 요즘에는 광해군을 다시 평가하려는 시도들도 있답니다.

> 우리에게도 조를 붙여 주~
>
> 안돼.

묘호 : 임금이 죽은 뒤에 생전의 공덕을 기리어 붙인 이름
군(君) : 후궁에서 난 아들로 정비가 낳은 아들인 대군과 구분 됨

침전과 편전, 함녕전·덕홍전

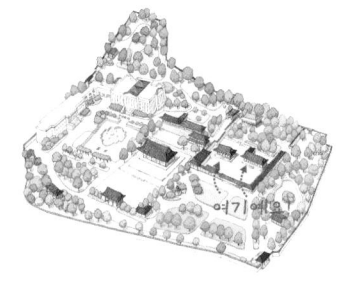

이번에는 석어당 앞에 있는 계단을 내려와 왼쪽에 있는 작은 문으로 들어가 보아요. 사방이 트인 다른 건물과는 달리 담으로 둘러싸여 매우 아늑한 느낌이 들지요. 바로 침전인 함녕전과 편전인 덕홍전이에요. 침전이 편전과 한 공간에 있답니다. 하지만 처음에는 그렇지 않았어요. 원래 두 건물 사이에도 담이 있었는데 사라진 거예요.

함녕전은 왕이 일상 생활도 하고 잠도 자던 침전이었어요. 따라서 1919년 고종이 승하할 때까지 많은 시간을 보낸 곳 중 하나였지요.

함녕전의 가운데에는 대청 마루가 있고 동쪽 방은 고종의 침실, 서쪽 방은 왕비의 침실로 쓰였어요. 명성 황후는 을미사변 때 이미 죽임을 당했기 때문에 이 곳에서 생활한 적이 없고 다른 후궁들이 생활했지요. 참, 고종 황제는 을미사변 뒤에 다시 왕비를 맞이한 적이 없기 때문에 덕수궁에는 왕비가 머무는 중궁전 건물이 따로 없답니다.

함녕전은 침전이다 보니 난방을 위해 따끈따끈한 온돌 장치가 있었어요. 동쪽과 서쪽 벽에는 아궁이 입구가 두 개씩 있고요.

그 입구를 들여다볼까요? 연기에 그을린 아궁이가 보이나요? 이 아궁이가 1904년에 덕수궁에서 큰불이 일어난 지점이라고 전해 오고 있어요. 아궁이가 있다면 굴뚝이 있어야 하는데 어디에 있을까요?

을미사변
1895년(고종 32)에 일본의 자객들이 경복궁을 습격하여 명성 황후를 죽인 사건이에요.

함녕전
고종 황제가 거처했던 침전으로, 1897년에 지었다가 1904년 불에 타 지금 있는 건물은 그해 12월에 다시 지었어요. 궁 안쪽에는 우물 정(井) 자 모양의 천장이 있고, 벽의 네 면에는 창을 달았어요. 조선의 마지막 왕실 침전 건물로 건축사 연구에 좋은 자료가 되고 있어요.

함녕전 굴뚝
경복궁이나 창덕궁의 굴뚝에 비해 간결하면서도 멋스러움을 자랑해요.

굴뚝은 함녕전 뒤에 있는 정원에 벽돌로 예쁘게 만들어 놓았답니다. 굴뚝 옆 정원에는 예쁜 모란이 심겨져 있어요. 하지만 이렇게 잘 꾸며진 곳에서 생활했음에도 고종 황제는 세상을 떠날 때까지 신변의 위협을 느껴야 했어요. 그래서 군인들이 경계를 서지 않으면 잠도 제대로 자지 못했지요.

함녕전 아궁이
1904년 덕수궁 대화재의 원인으로 알려져 있어요.

외국 사신들을 접견했던 덕홍전

함녕전 옆에 있는 덕홍전 안을 들여다 보세요. 함녕전과는 모습이 다르지요? 왕이 일상 생활을 한 곳이 아니라 외국 사신들을 맞이하는 데 이용했기 때문에 공간이 나누어져 있지 않고 하나의 공간으로 지어져 있어요. 바깥에서 볼 때는 전통적인 궁궐처럼 보이지만

덕홍전
1911년에 지었는데 원래 이 자리에는 명성황후의 신주와 위패를 모셨던 경효전이 있었다고 전해져요. 덕수궁에 남아 있는 궁궐 가운데에 가장 나중에 지어진 궁궐이에요.

안에 있는 장식 중에는 이국적이고 흥미로운 것들이 많아요. 황금색 봉황머리 장식이나 큰 이화문도 새롭지만, 무엇보다도 천장의 조명 장치가 아주 색다르지요.

오늘날의 샹들리에라고 하기에는 너무 단순하지만 그래도 당시에 이런 조명을 달았다는 것이 매우 흥미로워요.

없어도 될 것과 있어야 할 것

덕수궁 안에서 가장 허전하면서도 어색한 곳이 있어요. 함녕전과 덕홍전의 행각 앞에 있는 잔디밭이랍니다. 궁궐 안에 잔디밭이 있다는 게 좀 어색하지요? 원래 이 곳에는 함녕전에 딸린 건물들이 있어야 하는데, 1904년에 있었던 큰불과 한국전쟁으로 파괴된 뒤 복원하지 않아서 빈터로 남아 있는 거예요.

잔디밭이 없어도 될 것이라면 있어야 할 것도 하나 있어요. 바로 중화문을 지난 곳에 있는 '광명문'이에요. 지금은 이 문을 지나 들어갈 수가 없고, 흥천사 종과 자격루의 일부, 그리고 신기전 기화차를 전시해 놓아서 문처럼 보이지도 않아요. 하지만 원래는 이 문을 지나야만 함녕전으로 들어갈 수 있었답니다. 덕수궁이 복원되면 광명문도 원래 자리를 되찾아야겠지요.

흥천사 종
흥천사가 불타면서 1747년(영조 23)에 경복궁 광화문으로 옮겼다가 창경궁을 거쳐 지금 덕수궁에 보관되어 있어요.

자격루
세종 때 장영실, 김빈 등이 임금의 명을 받아 만든 물시계예요.

신기전 기화차
조선 초기의 로켓 병기인 중·소신기전의 발사 장치로 오늘날의 로켓과 같아요.

신기전 기화차

흥천사 종

자격루

光明門

광명문이 하루빨리 제자리를 찾기 바라며 잘 찍어 두어야지.

황제의 휴식 공간, 정관헌

이번에는 함녕전 뒤뜰에서 북쪽 방향으로 돌아 보세요. 소나무와 모란으로 잘 꾸며진 정원 뒤로 초록색 지붕의 건물이 하나 보이지요? 바로 정관헌이에요. 고종이 러시아의 건축가 사바틴에게 부탁하여 1900년에 지은 건물이지요.

궁궐과는 어울리지 않는 지붕 모양이나 로마네스크 양식을 띠고 있는 기둥, 철제 난간 등 서양적인 요소가 많답니다. 하지만 자세히 보면 한국적인 요소도 찾을 수 있어요. 철제 난간을 잘 살펴보면 알 수 있는데 소나무, 사슴, 박쥐 문양 등으로 장식한 것이지요.

그런데 깊은 동굴이나 어두운 밤하늘만 날아다니는 박쥐를 왜 왕이 쉬는 곳에 장식해 놓았을까요? 거기에는 박쥐가 새끼를 많이 낳는 동물이기 때문에 황실

철제 난간
황금색으로 칠한 철제 난간은 소나무, 사슴, 박쥐 문양으로 장식되어 있어요.

로마네스크 양식
서유럽에서 유행한 기독교 미술 양식으로 돌로 만든 성당의 둥근 천장, 창, 입구 따위에 반원의 아치를 많이 사용한 건축 양식이에요.

의 자손이 번창하여 대한 제국이 오래도록 대를 이어가기를 바라는 뜻이 담겨 있어요.

동물 문양은 보통 홀수로 장식해요. 그런데 철제 난간에는 박쥐가 4마리밖에 없네요. 위를 올려다 보세요. 기둥 위에 박쥐 한 마리가 더 있지요. 기둥 위쪽에 있는 장식도 눈에 띄어요. 꽃병에 꽂혀 있는 하얀 꽃은 황실을 상징하는 이화랍니다.

이화장
이화는 다섯 장의 꽃잎을 가진 오얏꽃으로 대한 제국 황실을 나타내는 문양이에요.

그렇다면 고종 황제는 이 곳에서 무엇을 했을까요? 나랏일을 보던 편전도 아닌 듯하고, 잠을 잘 수 있는 침전처럼 보이지도 않으니 말이에요. 어떤 용도로 사용한 공간이었을까요?

커피맛이 좋구나.

함녕전에서 생활하던 고종은 정관헌을 지어 정자처럼 사용했어요. 이 곳에서 세자(순종)와 함께 음악도 듣고 커피도 마셨지요. 또 외국공사관의 외교관들을 불러 연회를 열기도 했답니다. 고종은 러시아 공사관으로 피해 있던 시절인 아관파천 때에 커피를 처음 맛본 뒤 그 맛을 잊지 못했어요. 그래서 여기 정관헌에서 자주 커피를 마셨지요. 그런데 커피를 너무 좋아해서 한번은 목숨을 잃을 뻔한 적도 있어요. 1898년에 흑산도로 유배를 가게 된 김홍륙이 앙심을 품고 고종 황제가 마실 커피에 독을 탄 사건이 있었지요. 다행히 고종은 커피 맛이 이상하다며 뱉어서 목숨을 건졌지만 함께 마셨던 세자는 독 때문에 오랫동안 고생을 했답니다.

'양탕국'이 마시고 싶구나!

커피가 우리 나라에 처음 들어온 것은 1890년을 전후한 때였어요. 당시 사람들은 커피의 영어 발음을 따서 '가배차'나 '가비차'로 불렀어요. 또, 일반 백성들에게 보급된 뒤에는 서양에서 들어온 탕국이라는 뜻으로 '양탕국'이라고 불렸어요. 커피의 색깔과 맛이 한의원에서 다려 주는 흑갈색의 한약과 비슷하다고 해서 붙여진 이름이지요.

고종은 1896년 아관파천 때 러시아 공사관에서 커피를 처음 맛보았어요. 러시아 베베르 공사의 처형인 독일계 러시아인 손탁의 권유로 커피를 마시게 된 뒤 세자이던 순종과 함께 즐겨 마셨지요. 고종이 러시아 공사관에서 덕수궁으로 다시 돌아온 뒤에도 커피를 즐겨 마시자, 커피는 왕실의 식품으로만 머무르지 않고 정부 관리나 서울과 지방의 양반들에게까지도 널리 퍼지기 시작했답니다.

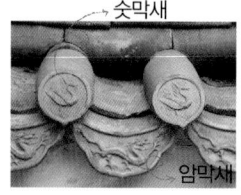
숫막새
암막새

기와의 위쪽 숫막새에는 학이, 아래쪽 암막새에는 용무늬가 새겨져 있어요.

 **아치**
활이나 무지개같이 한가운데가 높고 길게 굽은 모양이에요.

예쁜 꽃담길과 유현문

정관헌 서쪽에서 덕홍전 서쪽의 행각까지 이어지는 담을 구경해 볼까요. 이렇게 예쁜 무늬가 새겨진 담을 '꽃담'이라고 해요. 다른 궁궐에 있는 꽃담보다는 규모가 작지만 이 곳만의 특징이 있답니다. 꽃담 위를 덮고 있는 기와에 봉황과 용무늬가 새겨진 것이에요.

꽃담을 따라 내려가다 보면 아치 모양의 유현문이 있어요. 유현문에는 용무늬가 새겨져 있답니다. 반대쪽에는 어떤 무늬가 새겨져 있는지 볼까요? 학 무늬네요. 자세히 보면 학이 방금 잡은 듯한 물고기를 긴 부리로 물고 있는 것도 볼 수 있어요.

이번에는 유현문의 둥근 아치 부분을 올려다보세요. 문에 새겨진 무늬들은 그린 것이 아니라 회색과 붉은색 전돌을 꼼꼼하게 쌓아 만든 것이에요. 예쁜 꽃담과 유현문은 손님들을 맞이했던 정관헌과 덕홍전의 분위기에 잘 어울리도록 만들었답니다.

유현문

이화장에 들어 있는 일본의 음모!

오얏꽃 모양의 이화장(李花章)은 정관헌뿐 아니라 덕수궁의 건물 곳곳에서 찾아볼 수 있어요. 오얏꽃을 '이화(李花)'라고 한 것은 전주 이씨라는 성의 한자 '李'에 '오얏'이라는 뜻이 들어 있기 때문이에요.

그런데 일제는 대한 제국을 자주 국가가 아니라 천황의 지배를 받는 한 가문으로 낮추기 위해 일부러 이화장을 궁궐 곳곳에 새겨 넣었다고 해요. 실제로 순종이 창덕궁으로 거처를 옮긴 뒤 창덕궁 인정전 지붕의 용마루에도 이화장을 붙여 놓았답니다. 그 또한 대한 제국을 일본 천황의 지배를 받는 한 가문으로 낮추려는 음모였지요.

다른 궁궐 건물에서도 이화장을 찾을 수 있지만 특히 덕수궁의 덕홍전과 정관헌, 석조전에서 이화장을 더 쉽게 찾을 수 있어요.

여기서 잠깐!

이화장을 찾아보아요.

아래 사진은 덕수궁 곳곳에 있는 이화장의 모습을 담고 있어요.
각각 어디에 있는 이화장인지 보기에서 골라 빈 칸에 써 보세요.

보기	덕홍전, 석조전, 정관헌

1. (　　　　)　　2. (　　　　)　　3. (　　　　)

정답은 56쪽에

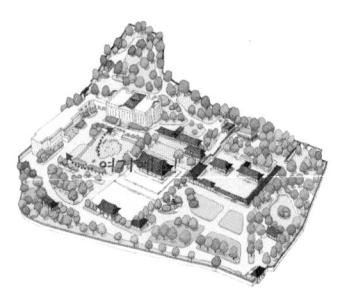

서양식으로 지은 석조전

웅장함과 우아함을 자랑하는 석조전 동관이에요.

덕수궁 미술관으로 이용되고 있는 석조전 서관이에요.

정관헌은 우리 나라의 전통적인 요소와 서양적인 요소를 섞어 지은 건물이에요. 그런데 덕수궁 안에는 서양의 건축 양식으로만 지은 건물도 있답니다. 유현문을 나와서 석어당과 중화전 사이에 난 길로 가면 유럽의 궁전을 그대로 옮겨 놓은 것 같은 건물이 있는데, 바로 '석조전'이지요. 돌로 만들었다고 해서 붙여진 이름으로, 재료는 화강암이에요. 모습은 서양식이지만 건축 재료는 유럽의 궁전처럼 대리석이 아니라 우리 나라에서 가장 흔하게 구할 수 있는 화강암을 사용했어요.

석조전은 중화전의 북쪽에 있는 동관과 'ㄱ'자로 연결되어 있는 서관으로 이루어져 있어요. 석조전 동관은 주로 영국 기술자들이 맡아서 설계하고 지었는데, 완공하기까지 10년이 걸렸어요. 모두 3층 건물로 1층은 황제를 가장 가까이에서 모시던 신하들이 머물던 거실, 2층은 손님을 맞이하는 접견실, 3층은 황제 부부의 침실, 거실, 욕실 등 생활 공간으로 사용하도록 설계되었답니다.

가운데 돌계단을 올라 안으로 들어가 보세요. 내부는 화려한 **로코코 양식**으로 꾸며졌고 바

로코코 양식
복잡한 소용돌이, 꽃 무늬 따위의 곡선 무늬에 맑은 색과 금빛을 함께 사용한 유럽의 건축 양식이에요.

이오니아 양식
고대 그리스에서 발달한 건축 양식으로 100년 정도 성행했어요. 우아하고 경쾌한 것이 특징이에요.

깥에 길게 늘어선 기둥은 이오니아 양식으로 지어졌어요. 그러나 이처럼 웅장한 석조전이 완성되어 갈 때쯤 대한 제국의 운명은 그와 반대로 점차 기울어 가고 있었어요.

1904년 러일전쟁 이후에 체결된 제1차 한일협약과 1905년에 체결된 을사조약(제2차 한일협약)에 따라 외교권을 비롯한 국가의 많은 권리가 일본으로 넘어갔거든요. 게다가 1907년에는 고종 황제가 강제로 퇴위당하였을 뿐만 아니라 1910년에는 결국 한일합병 조약이 맺어져 나라를 잃는 치욕을 겪었지요.

그래서 이 웅장한 건물 앞에 설 때마다 안타까운 마음이 앞서요. 강제로 황제의 자리에서 퇴위당한 뒤 이 곳에 머물렀던 고종 황제의 아픈 마음이 느껴지기 때문일 거예요. 아들인 순종마저 황제의 자리에 올라 창덕궁으로 옮겨 갔으니 석조전을 바라보는 고종 황제의 마음이 얼마나 쓸쓸하고 허탈했을지 짐작할 만하지요.

궁궐에 분수가 있네요!

분수는 우리 나라 궁궐에서는 찾아볼 수 없는 건축 요소예요. 우리 조상들은 물을 끌어올려 밑에서 위로 뿜어 올리는 것은 자연의 순리를 거스른다고 생각했어요. 그래서 분수보다는 위에서 밑으로 떨어지는 폭포가 우리 민족의 정서에는 더 맞지요.

석조전 앞의 분수대는 1938년 석조전 서관이 완공되던 당시 정원을 꾸미면서 설치했답니다.

 치욕
수치와 모욕을 아울러 이르는 말이에요.

여기서 잠깐!

궁궐 건물의 격을 찾아 주세요!

덕수궁을 돌아보면서 아래의 격에 해당하는 건물들을 빈 칸에 써 보세요.

전 : _____, _____, _____, _____

당 : _____, _____, _____

헌 : _____

도움말 15쪽의 '궁궐의 이름에도 격이 있어요.' 라는 내용을 읽어 보세요.

▣ 정답은 56쪽에

근대화의 역사가 시작된 곳
정동

덕수궁을 잘 둘러 보았나요? 그럼 이제부터 정동 답사를 시작해요. 정동은 조선 시대 태조의 둘째 왕비였던 신덕 황후의 무덤인 정릉이 지금의 정릉동으로 옮겨가기 전에 이 곳에 있었다 하여 붙여진 이름이에요. 신문로와 태평로, 서소문으로 둘러싸인 지역이지요.

정동에는 우리 근현대 역사의 흔적이 새겨진 유적지들이 많이 있어요. 지금은 예술의 정취가 느껴지지만 일제 강점기 때는 독립 운동가들을 탄압한 대법원이었던 서울 시립미술관, 새로운 문물을 전파하여 우리 나라의 근대화를 일군 교회와 학교들, 미국·러시아·영국 등 외국의 공사관, 민족의 아픔이 서려 있는 역사의 현장들을 생생하게 만나 볼 수 있지요.

자, 운동화 끈을 단단히 묶었나요? 서둘러야 해요. 가볼 곳이 정말 많거든요.

아, 잠깐만요. 대한문을 나서면서 마주 보는 곳에 있는 서울 시청 광장 건너를 한번 바라보세요. 호텔 건물 사이로 전통양식의 건축물 지붕이 하나 보이지요. 대한 제국을 상징하는 황궁우랍니다. 황궁우는 고종이 러시아 공사관에서 머물다가 1년 만에 덕수궁으로 돌아온 뒤, 대한 제국으로 선포하고 나서 세운 건물이에요. 이 곳도 빠뜨리지 말고 꼭 들러 보세요.

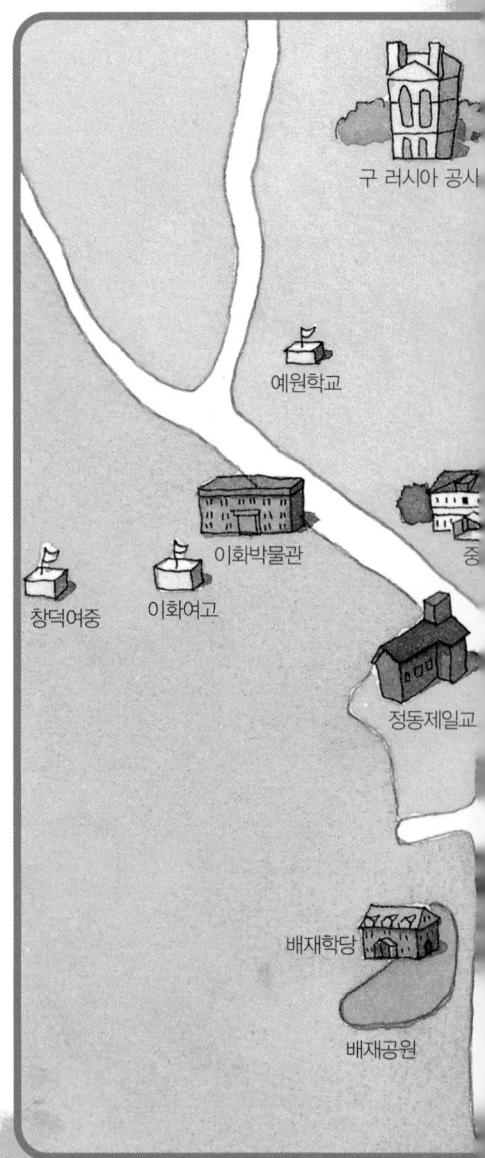

구 러시아 공사

예원학교

이화박물관

창덕여중   이화여고

중

정동제일교

배재학당

배재공원

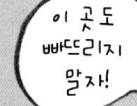
이 곳도 빠뜨리지 말자!

황궁우

대한 제국을 선포한 고종은 황제가 되는 절차를 거치기 위해 원구단(환구단)을 먼저 쌓았어요. 그리고 2년 뒤 원구단의 북쪽에 황궁우를 세웠지요. 하지만 원구단은 지금 남아 있지 않아요. 우리의 주권을 빼앗은 일본이 대한 제국의 원구단을 헐고 그 자리에 조선총독부 철도조선호텔을 세웠기 때문이에요.

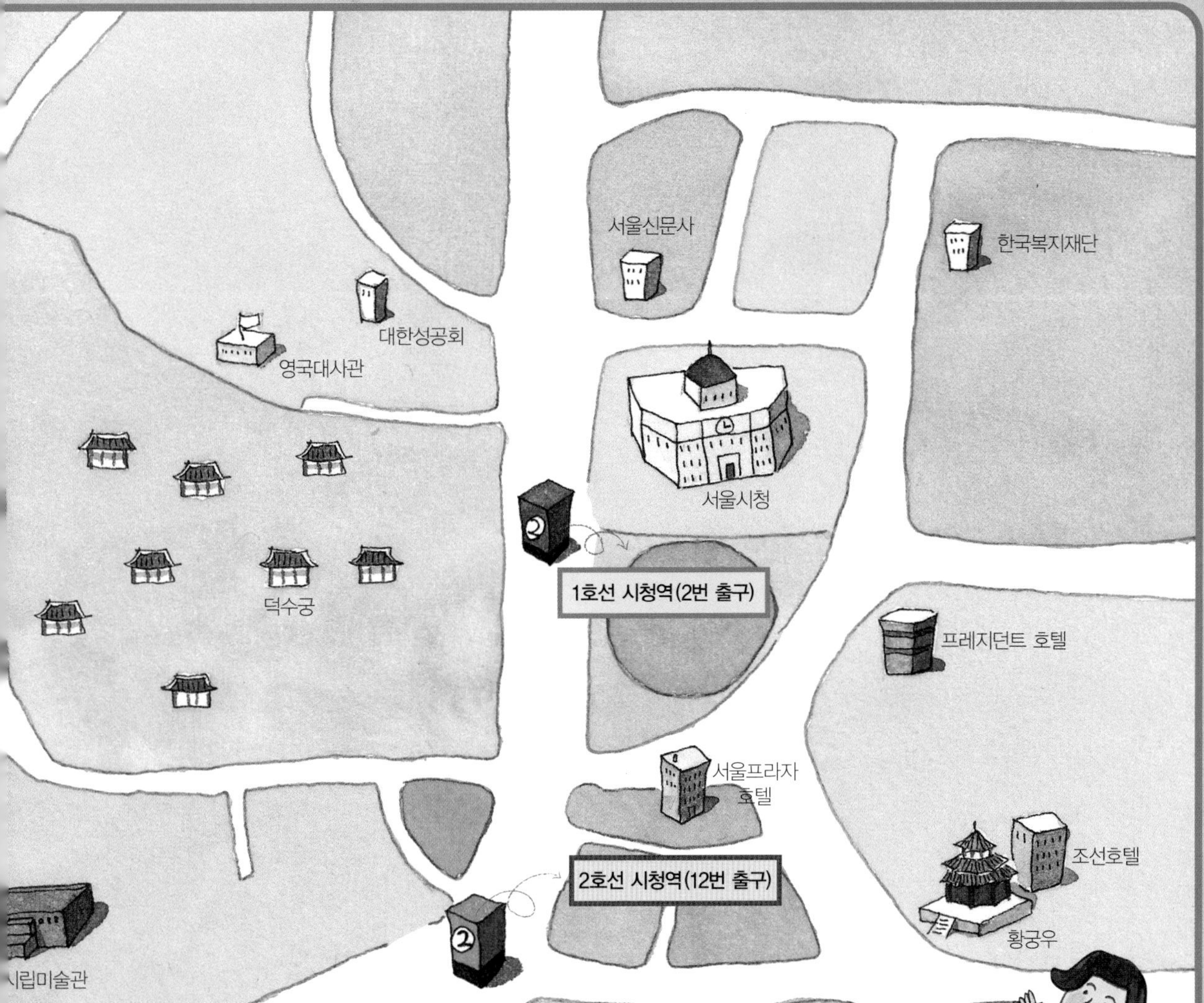

서울신문사

한국복지재단

대한성공회

영국대사관

서울시청

① 1호선 시청역(2번 출구)

프레지던트 호텔

덕수궁

서울프라자 호텔

② 2호선 시청역(12번 출구)

조선호텔

황궁우

시립미술관

이런 순서로 돌아보아요!

옛 대법원 터(서울시립미술관) ⋯▶ 정동제일교회 ⋯▶
배재학당 동관 ⋯▶ 이화박물관 ⋯▶ 중명전 ⋯▶
구 러시아 공사관

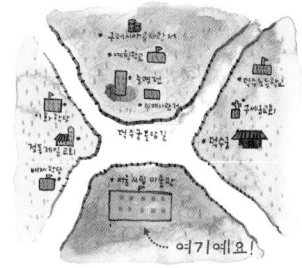

여기예요!

악명 높았던 옛 대법원 터

운치 있는 덕수궁 돌담길

옛 대법원 터에 자리잡은
서울시립미술관

대한문 옆으로 난 돌담길을 따라 정동으로 들어가 보아요. 부드러운 곡선으로 이어지는 길이 예쁘지요? '덕수궁 돌담길'로 잘 알려진 길이에요. 연둣빛 봄, 짙은 초록의 여름, 색색깔의 낙엽이 흩어지는 가을, 눈꽃이 하얗게 뒤덮는 겨울! 계절마다 색다른 멋이 느껴지는 길이랍니다.

조금 걸어가다가 정동제일교회 앞 네거리에 도착하면 왼쪽을 보세요. 오래 된 나무들 사이로 예스러운 모습의 큰 건물이 보여요. 서울시립미술관 건물이지요. 건물의 겉모습이나 나무가 울창한 주변 경치가 미술관과 잘 어울려 보여요.

그런데 80년쯤 시간을 거꾸로 되돌려 보면 여기는 우리 민족이 모진 탄압을 받았던 아주 무시무시한 곳이었어요.

갑오개혁 이후 이 곳에는 우리 나라 최초의 근대식 재판소인 **평리원**(한성재판소)이 있었어요. 평리원은 근대 개혁의 상징적인 관청이었지요. 하지만 일제 강점기에 들어서면서부터 우리 민족을 탄압하

만세~

만세~

대한독립 만세!

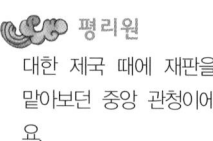

평리원
대한 제국 때에 재판을 맡아보던 중앙 관청이에요.

는 곳으로 바뀌었어요.

3·1운동이 일어났던 1919년에 일본은 이 곳에 조선총독부 조사국 분실을 설치하고 독립 운동가들을 체포하여 탄압했어요. 또, 1928년에는 일제 강점기 때 경성 3법원으로 불리던 '조선고등법원', '경성복심법원', '경성지방법원'이 모두 새로 지은 이 건물로 들어왔어요.

일본은 1925년에 치안 유지법이라는 새로운 법을 만들어 독립 운동가들을 닥치는 대로 잡아들여 탄압했어요. 여러분이 잘 아는 안창호, 여운형, 윤동주, 주기철 목사 등 일제에 저항한 수많은 독립 운동가들이 치안 유지법을 위반했다는 이유로 처벌을 받았지요. 또한, 1942년에는 한글 연구 단체인 조선어학회 회원들도 같은 이유로 체포되어 처벌받았어요. 광복될 때까지 치안 유지법이 독립운동 탄압에 얼마나 악용되었는지 짐작할 만하지요. 이렇게 치안 유지법을 집행한 이 건물에 광복 후에는 대한 민국 대법원이 자리를 잡았습니다.

이 건물이 지금처럼 미술관으로 이용되기 시작한 것은 1995년에 대법원이 서초동으로 옮겨 간 뒤부터예요.

> ## 독립운동을 탄압한 치안 유지법
>
> 1925년 이후 일본 의회에서 통과된 '치안 유지법'은 우리 나라의 독립 운동을 탄압하는 강력한 도구로 쓰였어요. 그 법은 일본 의회에서 통과되긴 했지만 일본에서는 적용되지 않고 우리 나라에서만 적용된 악법이었지요.
>
> 독립 운동이 활발해져 기존의 법으로는 독립 운동가들을 처벌하기 어려워지자 치안 유지법을 만든 거예요. 1928년께에는 적용 범위를 넓혀서 수많은 독립 운동 인사들을 체포해 탄압했답니다.

여기서
잠깐!

내용을 꼼꼼히 읽으면 정답이 보여!

알쏭 달쏭~ 역사 OX 퀴즈, 하나!

아래 내용을 읽고 맞으면 'O', 틀리면 X표 하세요.

1. 치안 유지법은 일본에서도 적용되었다. (　　)
2. 서울시립미술관은 옛 대법원 터에 자리잡고 있다. (　　)
3. 광복 후 대한 민국 대법원은 정동에 있었다. (　　)
4. 치안 유지법은 주로 우리 나라 독립 운동가들을 탄압한 법이다. (　　)
5. 평리원은 일제 강점기 때 우리 국민을 보호하던 재판소였다. (　　)

☞ 정답은 56쪽에

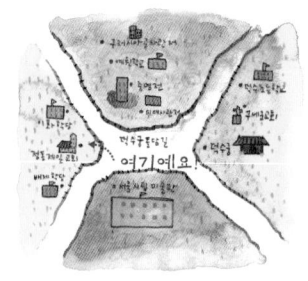

문화재 예배당, 정동제일교회

정동제일교회

정동제일교회를 세운 아펜젤러 선교사 동상

한국인 첫 목사였던 최병헌 목사 동상

미술관 길을 다시 내려와 정동 네거리로 나오면 건너편에 예쁜 벽돌 교회가 있어요. 마치 외국의 그림 동화책에 나오는 궁전처럼 아름다운 이 곳은 정동제일교회랍니다. 사적 제256호로 지정되어 이른바 '문화재 예배당'으로 알려져 있어요. 지금도 일요일에는 예배 장소로 이용하기도 한답니다.

정동제일교회는 우리 나라 개신교 교회 중에서 최초로 세워진 교회예요. 다듬어 쌓아올린 기단, 촘촘하게 쌓은 빨간 벽돌, 둥근 아치형의 창문, 그리고 예배당과 조화를 이룬 종탑 등 지금도 매우 예쁜 모습으로 남아 있지요. 처음에는 하늘에서 보았을 때 십자 모양으로 생긴 교회였어요. 그런데 1928년에 교회를 크게 넓히면서 좌우로 튀어나온 부분을 맞추다 보니 사각 모양의 교회가 되었지요. 예배당 정면에는 우리 나라 최초로 설치된 파이프 오르간이 교회의

구세군교회 중앙회관

엄숙한 분위기를 한껏 높이고 있어요. 교회 건물 맞은편 화단에는 이 교회를 세운 아펜젤러 선교사와 한국인 첫 목사 최병헌 목사의 동상이 나란히 서 있어요.

정동 주변에는 정동제일교회 외에도 우리나라에 기독교의 씨앗을 뿌린 여러 교회가 있어요. 현재 예원중학교 자리에서 언더우드 선교사가 세웠던 새문안교회와, 1928년부터 구세군 사관학교 역할을 해 온 구세군교회 중앙회관 등이지요. 구세군 교회 중앙회관은 정동제일교회 맞은편으로 난 덕수궁 돌담길을 따라 내려가다 보면 나와요. 이렇듯 정동은 우리 나라 개신교의 씨앗이 뿌려진 역사적인 공간이랍니다.

독립 운동을 도운 교회

정동제일교회는 우리 나라 근현대 역사에서 중요한 역할들을 많이 했어요. 민중들을 계몽시키는 데 앞장섰고, 각종 강연회나 음악회를 열어 새로운 문화를 접할 수 있는 기회를 만들어 주었지요.

1898년 무렵에는 국권 운동과 민권 운동에 앞장섰던 독립협회의 주요 활동 무대가 되기도 했어요. 1919년 3·1운동이 일어나기 전 만세 운동을 계획할 때도 정동제일교회에서 모였지요. 당시의 담임 목사였던 이필주 목사는 민족 대표 33인 가운데 한 명으로 활동했고, 다른 교인들도 만세 운동에 참여했어요.

여기서 잠깐! 건물 이름을 알아맞혀 보세요.

아래 사진은 정동에 있는 교회들의 모습을 담고 있어요.
정동을 돌아본 다음 빈 칸에 건물의 이름을 써 보세요.

1. (   )

2. (   )

☞ 정답은 56쪽에

39

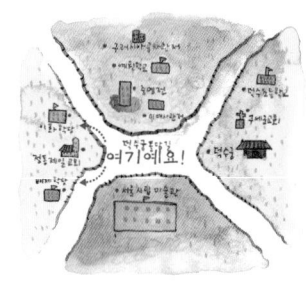

신교육의 발상지

정동에 근대의 치욕스러운 역사만 담겨 있는 것은 아니에요. 이 곳에서 희망의 씨앗이 뿌려지기도 했답니다. 우리 나라의 근대적 신교육이 바로 여기에서 시작되었거든요.

신교육은 기독교로부터 비롯되었어요. 선교사들이 우리 나라로 들어오기 시작한 뒤 1880년대까지만 해도 선교 활동이 인정되지 않았기 때문에 직접적인 선교 활동보다는 의료와 교육을 통해 간접적으로 선교 활동을 하려고 했지요. 그래서 선교사들의 직업으로 의사와 교사가 많았어요. 그렇게 시작된 학교가 배재학당, 이화학당, 언더우드학당, 정동여학교 등이에요. 그 중에서 이화여자고등학교는 이화학당에서 시작하여 지금까지 남아 있는 대표적인 학교랍니다.

1. 신교육의 요람이라고 불리는 배재학당. 지금은 동관만 남아 있어요.
2. 배재학당 운동장을 공원으로 만든 배재공원이에요.

배재학당과 이화학당

배재학당은 우리 나라 신교육이 시작된 곳이어서 '신교육의 요람'으로 불려요. 선교를 위해 한국에 왔던 아펜젤러가 선교 활동이 허용되지 않자 학교를 먼저 세우고 신식 교육을 시작했지요.

이화학당은 1886년 아펜젤러와 함께 들어온 미국 감리교 선교사였던 스크랜튼 여사가 세웠어요. 1887년에는 고종 황제로부터 '이화학당'이라는 교명을 하사받고 여학생들에게 본격적으로 신교육을 시켰지요.

정동제일교회를 나와 오른쪽으로 난 길로 쭉 올라가면 배재 공원과 배재학당 동관 건물이 보여요. 1887년에 지은 배재학당의 최초 모습은 남아 있지 않아요. 1923년에 원래 건물이 있던 자리에 다시 지어진 서관도 신축 건물들을 지으면서 사라졌지요. 지금은 1916년에 르네상스 양식으로 지은 옛 배재학당 동관만 기념관처럼 남아 있어요. 배재공원이 있는 곳은 옛 배재학당의 운동장이었던 자리랍니다.

유관순 열사가 다닌 이화학당

이화백주년기념관은 이화여자고등학교 옆 건물에 있어요.

다시 정동제일교회 쪽으로 내려가 정동극장을 지나면 왼쪽에 '이화여자고등학교', '이화박물관'을 알리는 이정표가 보여요.

먼저 이화여자고등학교로 들어가면 입구의 왼쪽에 이화박물관이 있어요. 이화박물관으로 이용되고 있는 심슨기념관은 1915년에 건립된 건물인데, 현재 이화여자고등학교에 남아 있는 가장 오래된 건물이에요. 박물관 1층에는 3·1운동이 일어나기 전 유관순 열사가 공부하던 이화학당의 교실이 꾸며져 있어요. 또, 2층과 3층에는 이화학당 시절부터 현재의 이화여자고등학교와 이화여자대학교에 이르기까지 걸어온 길을 알 수 있도록 역사적인 기념물들을 전시해 놓았지요.

이화박물관으로 활용되고 있는 심슨 기념관. 미국인 사라 심슨이 낸 기금으로 1915년에 지은 건물이에요. 2002년에 등록문화재 제3호로 지정되었지요.

유관순 열사가 공부하던 교실이 꾸며져 있어요(오른쪽). 그 당시 교훈과 급훈, 태극기의 모습이 눈에 띕니다. 졸업장(위)과 교복의 변천사(아래)도 볼 수 있어요.

유관순 열사가 빨래하던 우물이에요.

이화학당을 세운 스크랜튼 여사의 동상이에요.

이화여자고등학교 본관으로 올라가 보면 오른쪽 언덕에 유관순 열사가 빨래하던 우물이 있고, 본관 앞 잔디밭에는 이화학당 백주년 기념비가 있어요.

자, 이제 이화박물관 맞은편을 보세요. 예원학교라는 이정표가 보이지요. 예원학교 운동장 터에는 정동여학교가 있었어요. 이화박물관 옆에 있는 이화백주년기념관 자리에는 언더우드 학당이 있었답니다.

이화학당 백주년 기념비

여기서 잠깐!

교훈과 급훈을 찾아 보세요.

이화학당 교실 앞쪽 칠판 위에 교훈과 급훈이 적힌 액자가 걸려 있어요. 아래 빈 칸에 적어 보세요.

교 훈	급 훈

☞ 정답은 56쪽에

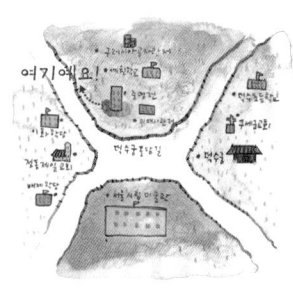

을사조약의 현장, 중명전

정동극장 입구를 지나자마자 오른쪽 골목길로 꺾어 들어가 보면 골목 끝에 중요한 유적이 있어요. 바로 '중명전'이에요.

중명전은 1897년에 덕수궁 안에 지은 건물로 궁궐 안에 있는 최초의 서양식 건물이었어요. 한때는 황실의 도서관으로, 고종 황제가 외국 사절단을 만나는 곳으로 이용되기도 했지요. 1906년 순종과 정순효황후(윤비)의 결혼식 때는 외국 사신들을 불러 축하연을 벌이기도 했어요.

그런데 금방 지나왔던 북적대는 정동 거리와는 달리 쓸쓸함이 느껴지지 않나요? 아마도 이 곳에서 일어났던 아픈 역사적 사건을 백여 년 동안 품고 있기 때문일 거예요. 그러면 그 때로 되돌아가 볼까요?

을사조약이 체결되었던 중명전

1905년 11월 17일 저녁.
"척 척 척 척, 철컥 철컥!"
총칼로 무장한 일본군들이 중명전을 둘러싸고 있고, 분위기는 사뭇 긴장감으로 가득해요. 중명전 안에는 8명의 정부 대신들이 모였는데 대신들의 표정은 하나같이 무거워 보여요. 아니, 그런데 일본인들이 대신들의 회의에 들어가 있네요. 자세히 보니 이토 히로부미와 일본 공사 하야시예

요. 그렇다면 지금 회의는 을사조약 체결을 강요하기 위해 열린 회의군요.

다음 날 새벽까지 짧지 않은 논쟁이 계속되더니, 결국 일본이 강요한 조약에 참정 대신 한규설, 탁지부 대신 민영기, 법부 대신 이하영 3명이 반대하고, 학부 대신 이완용, 군부 대신 이근택, 내부 대신 이지용, 외부 대신 박제순, 농상공부 대신 권중현 5명은 찬성했어요.

외부 대신인 박제순이 조약의 내용이 적힌 문서에 인장을 찍었다는 안타까운 소식이 회의장 밖으로 전해집니다.

 **가쓰라-태프트 밀약**
1905년, 일본 총리 가쓰라 다로와 미 육군 장관 태프트가 양국을 대표해 맺은 미국과 일본의 비밀 협정. 미국은 필리핀을, 일본은 조선을 통치하는 것에 동의한 조약이에요.

포츠머스 강화 조약
1905년 러시아와 일본이 조선에 대한 일본의 우선권을 정한 조약이에요.

일본은 러일전쟁이 끝날 무렵 미국과 **가쓰라-태프트 밀약**을 맺었고, 이어서 영국과 제2차 영일동맹을 맺어 조선을 침략해도 묵인한다는 약속을 받았어요. 또, 러일전쟁이 완전히 끝난 뒤 러시아와 맺은 **포츠머스 강화 조약**에서도 같은 약속을 받아냈지요. 이러한 상황에서 일본은 1905년 11월 이토 히로부미를 일본 국왕의 특사로 파견하여 을사조약 체결을 강요하였답니다. 결국 을사조약에 의한 침략은 일본뿐만 아니라 미국, 영국, 러시아가 함께 빚어낸 것이라 볼 수 있어요.

을사조약이 체결된 이후에 일본은 대한 제국의 정치에 대해 사사건건 간섭하였고, 특히 외교권을 완전히 빼앗아 일본의 동의 없이는 외국과 어떤 조약도 체결할 수 없게 만들었지요. 이렇듯 중명전은 우리의 가슴 아픈 현대 역사가 서려 있는 곳이랍니다.

안중근 의사와 이토 히로부미

을사조약의 주역이자 초대 통감으로 임명된 이토 히로부미는 을사조약을 체결한 4년 뒤인 1909년 만주 하얼빈 역에서 안중근 의사의 총에 맞아 생을 마감했어요. 그 일로 안중근 의사도 체포되어 그 이듬해 사형을 당했습니다. 안중근 의사가 죽기 이틀 전에 남긴 유명한 말이 있어요.

"우리 나라가 독립하는 그 날이 오면 나는 하늘에서라도 그 소식을 듣고 춤추며 노래할 것이오!"

을사조약은 유효한가요?

'코리안 페이퍼'에 실린 풍자화.

1905년 11월 18일 새벽에 날치기 통과된 을사조약은 일본의 강압에 의해서 도장을 찍었을 뿐만 아니라 반드시 있어야 할 고종 황제의 비준과 서명 날인이 없고, 그 조약의 정식 이름도 없는 조약이었습니다. 그러니 당연히 무효이지요. 하지만 일본이 이미 주변 국가에게서 우리 나라 침략에 대한 승인을 받았기 때문에 힘이 없던 우리 나라는 어쩔 수 없이 일본에게 내정간섭을 당할 수밖에 없었어요.

을사조약 직후에 발간된 '코리안 페이퍼'에는 을사조약의 체결 과정을 풍자하는 그림이 실렸어요. 고종 황제를 칼로 위협하는 일본 군인들, 얼굴 가득 웃음을 띤 일본 외교관들, 협박에 못 이겨 문서에 서명하는 대한 제국의 관리들, 이를 지켜보며 분노하는 고종 황제의 모습이 그려져 있지요. 그림 아래에는 '일본이 한황을 위협해 조약을 늑정(勒定)'이라는 설명을 붙여 을사조약이 부당하게 체결되었음을 알려 주고 있어요.

을사조약의 5개 조항

제1조 금후 한국의 외국에 대한 관계 및 사무는 일본 정부가 감리 지휘하며 한국의 국민 및 이익을 보호한다.

제2조 한국 정부는 금후 일본을 중개로 하여 경유하지 않으면 국제 성질을 띤 어떠한 조약의 체결이나 약속도 해서는 안 된다.

제3조 일본 정부는 그 대표자로서 한국 황제 아래 1명의 통감을 두고 외교에 관한 사항을 관리하게 한다. 그리고 일본 정부가 필요하다고 인정되는 각지에는 이사관을 배치하며 통감은 이들을 직접 지휘한다.

제4조 일본과 한국 간에 현존하는 조약 및 약속은 본 협약의 조관에 위배되지 않은 한, 모두 그 효력을 계속하는 것으로 인정한다.

제5조 일본 정부는 한국 황실의 안녕과 존엄을 유지하기를 보증한다.

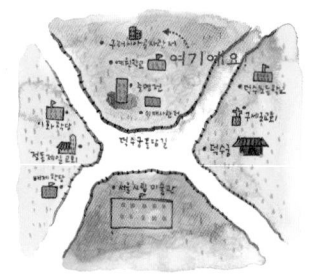

한밤중의 피신, 아관파천!

예원학교 정문을 지나면 캐나다 대사관 앞에 '구 러시아 공사관'을 알려 주는 이정표가 있어요. 이정표를 따라 오르면 멀리 하얀색 탑처럼 생긴 건물이 눈에 들어와요. 이 건물이 러시아의 옛날 공사관 일부랍니다.

휴~ 어찌 이런 일이!

한국전쟁을 거치는 동안 폭격으로 파손되어 지금 보이는 탑 부분만 남아 있어요. 그래서 건물이 아주 작아 보이지요. 하지만 당시에는 건물이 아주 넓고 내부도 화려했답니다. 높은 곳에 있었기 때문에 덕수궁뿐 아니라 멀리 경복궁까지 내려다볼 수 있었어요. 이 러시아 공사관에 고종이 머물렀던 적이 있었지요.

1894년, 경복궁을 점령한 일본은 밖으로는 청일전쟁을 치르면서 안으로는 동학농민군을 학살하고 조선의 정치를 일일이 간섭

구 러시아공사관
FORMER RUSSIAN LEGATION
БЫВШЕЕ РУССКОЕ ПОСОЛЬСТВО

고종이 머물렀던 구 러시아 공사관

했어요. 마침내 우리 나라 근대 개혁인 갑오 · 을미개혁을 강요했으며 그 과정에서 '명성 황후 시해 사건(을미사변)'을 저질렀어요. 우리 나라의 국모 명성 황후를 죽인 사건이지요. 이에 온 백성들은 한결같이 분노했어요.

또, 그 사건이 있은 뒤 친일 내각이 구성되어 추진한 을미개혁, 특히 단발령에 대해서도 유생들이 크게 분노했답니다. 결국 유생들과 농민들이 중심이 된 의병이 일어났고 전국적으로 일본에 대한 적개심이 널리 퍼져 갔어요.

이러한 분위기를 틈타 러시아와 친했던 관리들이 고종을 러시아 공사관으로 피신시켰어요. 이 사건이 '아관파천' 이랍니다.

고종은 러시아 공사관에서 1년여 동안 머물고 그 다음 해 겨울에 경복궁이 아닌 덕수궁으로 돌아왔습니다.

고종 황제는 왜 덕수궁으로 돌아왔을까요?

고종 황제에게 경복궁은 아픈 기억이 있는 곳이었어요. 1895년 을미사변 때 왕비인 명성 황후를 잃은 곳이기 때문이지요. 그 아픔 뒤에는 일본에 대한 적대감이 강하게 자리잡고 있었어요. 그뿐만 아니라 경복궁은 1894년에 이미 일본에 점령당해 친일파와 일본의 영향력 아래에 있었지요.

따라서, 일본의 영향력에서 벗어나기 위해서는 경복궁으로 가지 않는 것이 낫겠다고 판단한 거예요. 그리고 마침 덕수궁 주변에는 러시아뿐만 아니라 미국, 영국, 프랑스 등의 공사관이 자리잡고 있어 무슨 일이 생겼을 때 외교적인 도움을 받을 수 있는 장점도 있었지요. 정관헌에는 러시아 공사관으로 통하는 비밀 통로가 있었다고 해요. 그러나 지금은 남아 있지 않아요.

단발령
일본의 사주를 받은 개화 정부가 풍습을 개량하기 위해 상투를 없애고 머리를 짧게 깎도록 한 명령이에요.

알쏭 달쏭~ 역사 OX 퀴즈, 둘!

여기서 잠깐!

아래 내용을 읽고 맞으면 'O', 틀리면 'X'표 하세요.

1. 고종 황제는 영국의 위협을 피해 러시아 공사관으로 피신했다. (　　)
2. 고종 황제는 1년여 동안 러시아 공사관에 머물렀다. (　　)
3. 명성 황후 시해 사건과 단발령을 계기로 유생과 농민들이 중심이 되어 의병을 일으켰다. (　　)
4. 갑오 · 을미개혁은 청나라에 의해 강요되었다. (　　)
5. 아관파천 이후 고종 황제는 다시 경복궁으로 돌아갔다. (　　)

정답은 56쪽에

슬픈 역사의 현장을 돌아보고

　1880년대 이후 정동은 근대화라는 새로운 물결을 가장 먼저 맞이했던 곳이었어요. 그것은 두 개의 서로 다른 모습으로 나타났지요.

　1890년대 아관파천 이후 외국 열강들의 침탈이 본격적으로 시작되면서 덕수궁을 비롯하여 정동의 여러 곳에 민족의 아픈 역사가 새겨졌어요. 하지만 배재학당, 이화학당, 정동제일교회 등에서 본 것처럼 새 교육과 새 문물이 희망의 싹을 틔우기도 했지요.

　정동은 새로운 문화를 가장 먼저 받아들이면서 물밀듯이 밀려온 다른 문화에 대한 충격을 줄여 주는 역할을 했다고 볼 수 있어요.

이렇게 우리 나라의 근현대 역사가 생생하게 남아 있는 덕수궁과 정동을 돌아보면서 여러분은 어떤 마음이 들었나요? 아무래도 안타깝게 느껴지는 곳들이 많았을 거예요. 오래 되지 않은 역사의 현장, 그 아픔의 흔적이 더 진하게 느껴졌을 테니까요. 그래서 다리가 아픈 것도 잊고 이 곳까지 걸어왔겠지요.

지난 시절 무심코 덕수궁 돌담길을 걸었다면 이제는 역사의 교훈을 되새기며 천천히 걸어 보세요. 돌담에 서려 있는 가슴 벅찬 역사의 장면들을 하나씩 떠올려 보면서 말이에요.

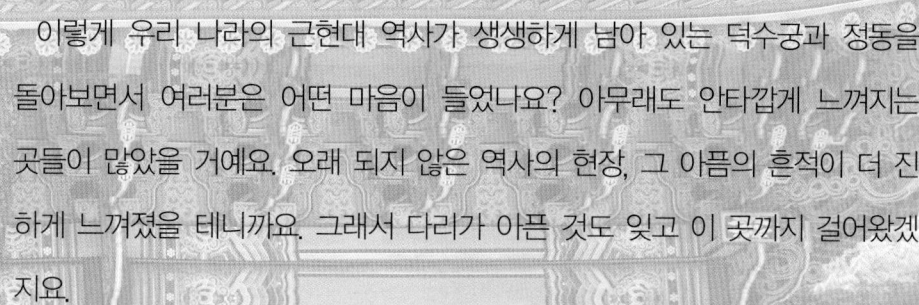

정동 주변에 이런 곳도 있어요

덕수궁과 정동 체험, 재미있었나요? 우리 나라 근현대 역사를 되짚어 가며 현장을 둘러보니 우리 나라의 소중함을 새삼 느끼게 되지요. 그런데 여러분, 정동 주변에는 우리 근현대 역사를 만날 수 있는 곳이 더 있답니다. 여기에 소개된 곳들도 꼭 둘러보아요.

경교장

광복 뒤 대한민국 임시 정부의 집무실이 있었던 곳이에요. 신탁통치 반대운동과 남북 정치지도자 회담이 이곳에서 열렸지요. 주석 김구 선생님이 1949년 6월에 이 건물 2층에서 안두희의 총에 맞아 돌아가신 곳이기도 해요. 지금은 강북삼성병원에 속해 있으며, 2층 김구 선생님의 옛 집무실은 〈김구 기념실〉로 운영되고 있어요.

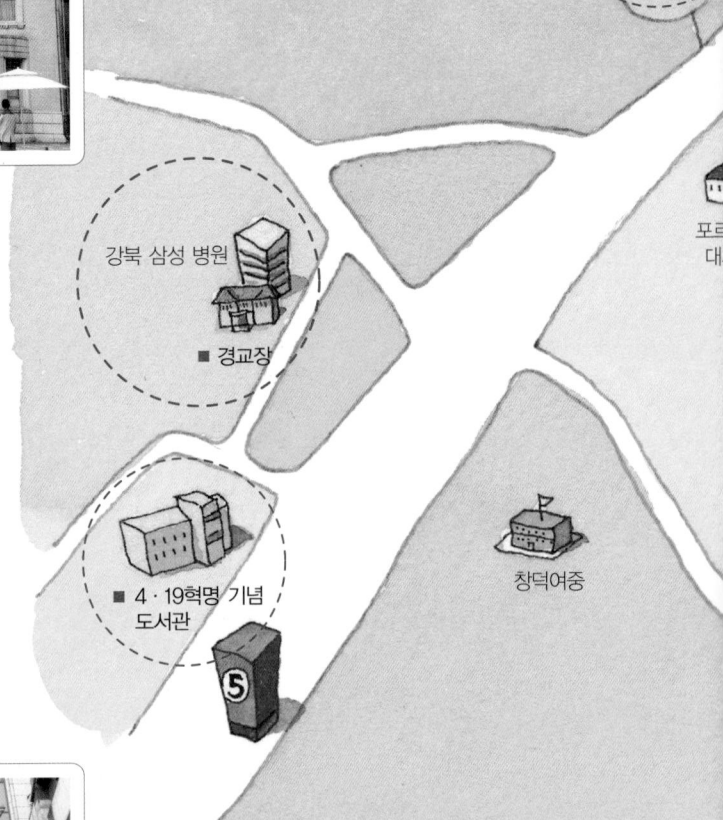

경희궁

■ 서울역사박물관

강북 삼성 병원

■ 경교장

포르
대

■ 4·19혁명 기념
도서관

창덕여중

4·19혁명 기념 도서관

자유, 민주, 정의를 기본 정신으로 하는 4·19혁명의 숭고한 이념과 역사적 사실을 다음 세대에 전하기 위해 세워진 도서관이에요. 원래는 3·15부정선거의 원흉인 이기붕의 집이었지요. 4·19혁명에 대한 선언문, 성명서, 신문 등 다양한 자료들을 볼 수 있어요.

서울역사박물관
우리 나라의 수도인 서울의 역사와 문화를 소개한 박물관이에요. 서울이 어떤 과정을 거쳐서 지금처럼 큰 도시로 발전했는지, 서울 사람들은 어떻게 살았는지, 또 어떤 문화를 꽃 피웠는지 알 수 있지요.

■ 덕수초등학교

영국대사관

미대사관 사저

덕수궁

덕수초등학교
유서 깊은 정동 1번지 옛 덕수궁 터에 자리한 역사와 전통을 지닌 학교예요. 1912년 덕수궁 의효전 자리에 경성여자공립학교로 세워졌다가 그 뒤 1952년 지금의 이름으로 바뀌었지요.
의효전은 순종 황제의 첫 비(妃)로 1904년 세상을 떠난 순명 황후 민씨의 위패를 모셨던 곳이에요.

나는 덕수궁과 정동박사!

이제 덕수궁과 정동에 대해 얼마나 많이 알고 있는지 확인해 볼까요? 다음 문제들을 풀면서 덕수궁과 정동에 대한 생각과 느낌을 함께 정리해 보세요.

① 현판의 글씨를 읽고 한글로 써 보세요.

다음은 여러분이 둘러보았던 덕수궁에 있는 건물의 현판들이에요. 건물의 현판에 적힌 한자를 읽고 한자의 음을 써 보세요.

도움말 한자는 오른쪽에서 왼쪽으로 읽어야 해요.

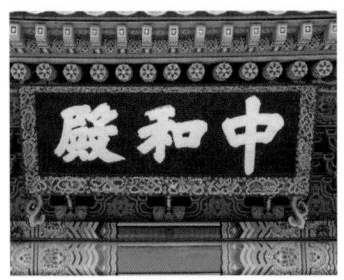

② 맞는 것끼리 연결해 보세요.

다음 각 사건이 일어난 장소를 연결해 보세요.

아관파천 ·   을사조약 체결 ·   대한 제국 선포와
고종 황제의 즉위 ·

③ 빈 칸을 채우세요.

정동을 다니며 곳곳에서 이런 타일을 보았지요? 아래 그림에 맞는 이름을 **보기** 에서 찾아 써 보세요.

보기
> 1900년대 한성부 지도, 구 러시아 공사관, 대한성공회 서울대성당, 정동제일교회, 서울시청,
> 석조전, 대한문, 옛 대법원(서울시립미술관), 덕수궁 돌담길

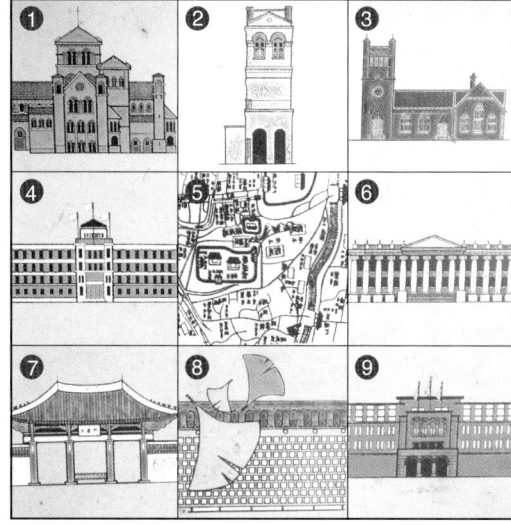

1. 대한성공회 서울대성당
2. _____
3. _____
4. _____
5. _____
6. _____
7. _____
8. _____
9. _____

☞ 정답은 56쪽에

대한 제국 역사 연표 만들기

연표는 옛날에 있었던 일들을 일어난 순서에 따라 표로 정리한 것이에요. 연표를 보면 옛날부터 오늘날까지 일어난 중요한 일들을 그 일이 일어난 해에 따라 쉽게 알아볼 수 있어요. 덕수궁과 정동 일대를 둘러본 다음 대한 제국 역사 연표를 만들어 보아요.

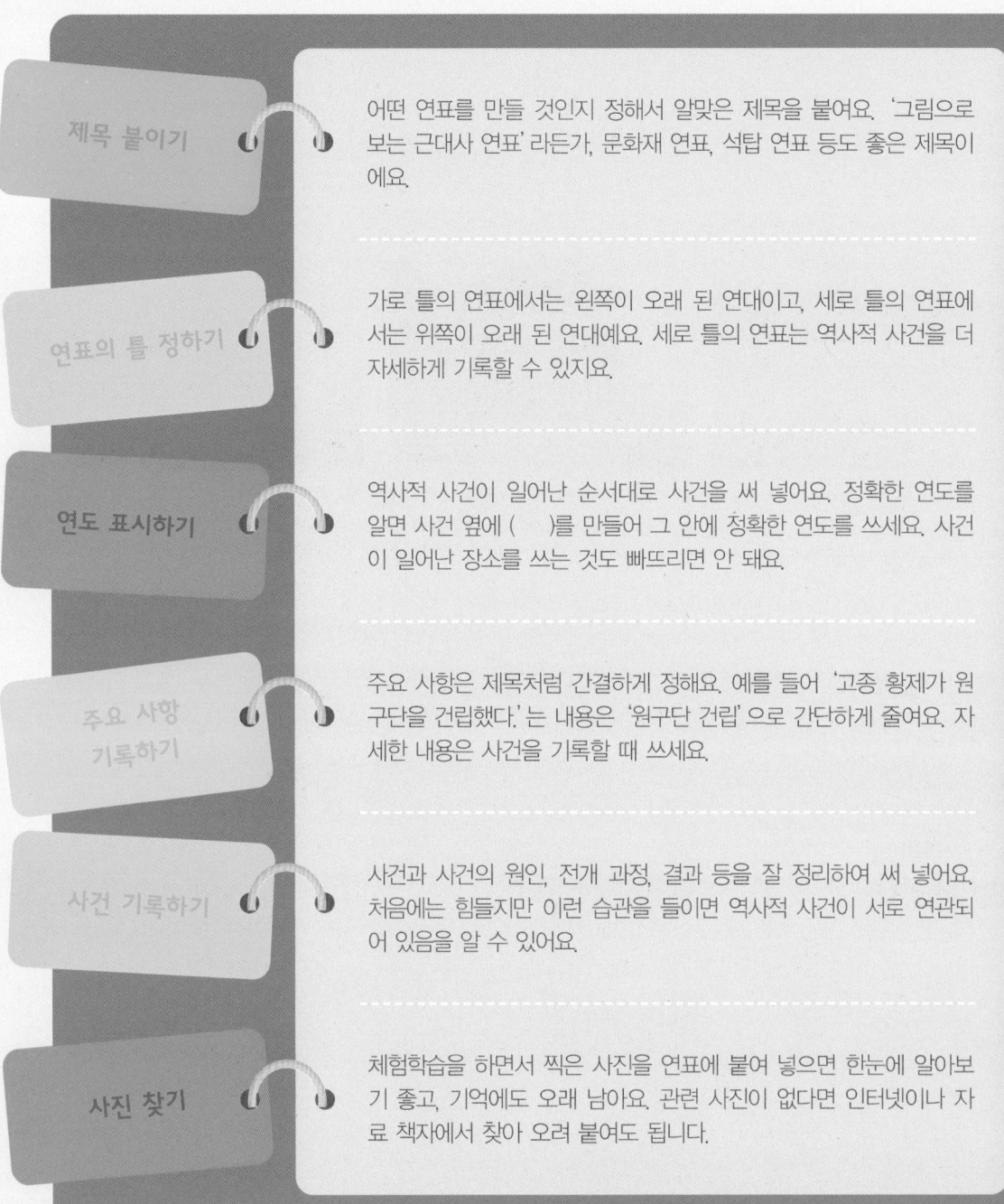

제목 붙이기

어떤 연표를 만들 것인지 정해서 알맞은 제목을 붙여요. '그림으로 보는 근대사 연표'라든가, 문화재 연표, 석탑 연표 등도 좋은 제목이에요.

연표의 틀 정하기

가로 틀의 연표에서는 왼쪽이 오래 된 연대이고, 세로 틀의 연표에서는 위쪽이 오래 된 연대예요. 세로 틀의 연표는 역사적 사건을 더 자세하게 기록할 수 있지요.

연도 표시하기

역사적 사건이 일어난 순서대로 사건을 써 넣어요. 정확한 연도를 알면 사건 옆에 ( )를 만들어 그 안에 정확한 연도를 쓰세요. 사건이 일어난 장소를 쓰는 것도 빠뜨리면 안 돼요.

주요 사항 기록하기

주요 사항은 제목처럼 간결하게 정해요. 예를 들어 '고종 황제가 원구단을 건립했다.'는 내용은 '원구단 건립'으로 간단하게 줄여요. 자세한 내용은 사건을 기록할 때 쓰세요.

사건 기록하기

사건과 사건의 원인, 전개 과정, 결과 등을 잘 정리하여 써 넣어요. 처음에는 힘들지만 이런 습관을 들이면 역사적 사건이 서로 연관되어 있음을 알 수 있어요.

사진 찾기

체험학습을 하면서 찍은 사진을 연표에 붙여 넣으면 한눈에 알아보기 좋고, 기억에도 오래 남아요. 관련 사진이 없다면 인터넷이나 자료 책자에서 찾아 오려 붙여도 됩니다.

1. 제목부터 먼저 정리해요
제목만 보고도 어떤 내용의 연표인지 알 수 있도록 정해요. '덕수궁 문화재 연표' '덕수궁 유물 연표', '정동 문화재 연표' 등으로 만들면 좋겠지요.

2. 역사적 사건을 순서대로 써 넣어요
대한 제국 연표는 대한 제국이 선포된 해부터 대한 제국이 망한 해까지의 기록이랍니다. 그 안에 일어난 역사적 사건을 큰 흐름으로 잡은 다음 정리해요.

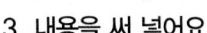

3. 내용을 써 넣어요
제목과 역사적 사건이 일어난 순서대로 연표를 구성했다면 이제 사건을 하나하나 자세하게 기록해요. 사건을 기록할 때에는 육하원칙에 맞게 써요.

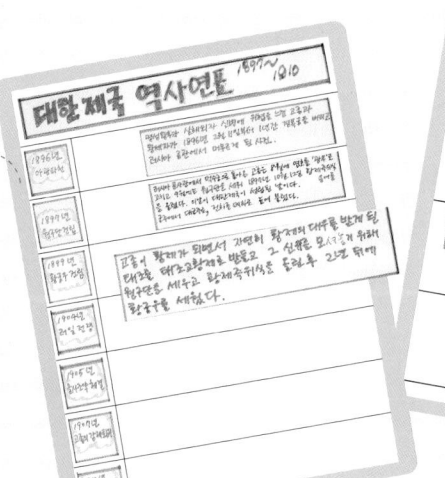

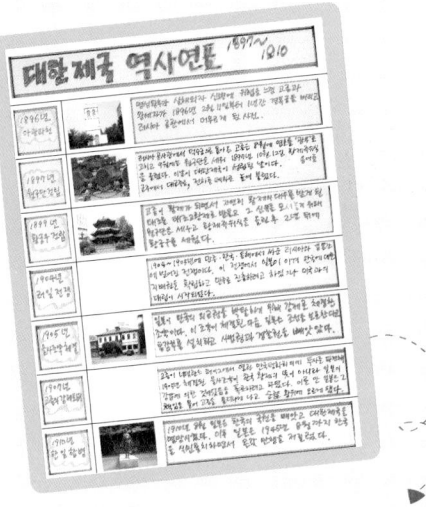

4. 사진을 붙여요
체험학습을 하면서 찍은 사진이나 책에서 오려 낸 사진을 연표에 붙이세요. 훨씬 생동감 있는 연표가 될 거예요.

5. 완성
완성한 다음에는 틀린 글자가 없는지, 순서대로 잘 정리되었는지 확인하는 것도 잊지 마세요. 참, 학년과 이름, 체험학습 다녀 온 날짜도 꼭 써 넣어야지요.

정답

잠깐!

13쪽 대소인원개하마

17쪽 ③

23쪽 1. 祚 2. 明

31쪽 1. 덕홍전 2. 정관헌 3. 석조전

33쪽 전 : 중화전, 함녕전, 덕홍전, 석조전

당 : 석어당, 즉조당, 준명당

헌 : 정관헌

37쪽 1. × 2. ○ 3. ○ 4. ○ 5. ×

39쪽 1. 정동제일교회 2. 구세군교회 중앙회관

42쪽 교훈 – 모든 것을 단정히 하고 규칙있게 행하자.
급훈 – 서로 돕자 부지런하자.

47쪽 1. × 2. ○ 3. ○ 4. × 5. ×

나는 덕수궁과 정동 박사!

1 현판의 글씨를 읽고 한자의 음을 써 보세요.

다음은 여러분이 둘러 보았던 덕수궁에 있는 건물의 현판들이에요. 건물 현판에 적힌 한자를 읽고 한자의 음을 써 보세요.

중 | 화 | 전

석 | 어 | 당

대 | 한 | 문

중 | 명 | 전

2 맞는 것끼리 연결해 보세요.

다음 각 사건이 일어난 장소를 연결해 보세요.

아관파천　　을사조약 체결　　대한 제국 선포와
고종 황제의 즉위

3 빈 칸을 채우세요.

정동을 다니며 곳곳에서 이런 타일을 보았지요? 아래 그림에 맞는 이름을 보기 에서 찾아 써 보세요.

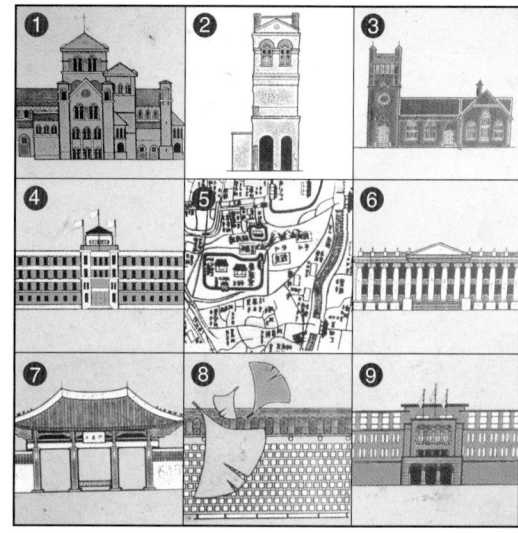

1. 대한성공회 서울대성당
2. 구 러시아 공사관
3. 정동제일교회
4. 서울시청
5. 1900년대 한성부 지도
6. 석조전
7. 대한문
8. 덕수궁 돌담길
9. 옛 대법원(서울시립미술관)

사진

주니어김영사 3p(왕궁 수문장 교대 의식), 10p(대한문), 13p(삼도, 금천교, 하마비), 14p(중화전), 15p(박석), 16p(단청, 덕수궁 중화전 답도, 경복궁 근정전 답도), 17p(용 무늬 천장과 황제의 권위를 나타내는 황금색 창호, 정, 드므), 18~19p(잡상, 단청, 창호, 답도, 팔작지붕, 다포식 공포, 정, 상월대와 하월대. 품계석), 20p(석어당 단청, 석어당, 석어당 현판), 23p(준명당과 즉조당, 준명당 현판, 즉조당 현판), 25p(함녕전), 26p(함녕전 굴뚝, 함녕전 아궁이, 덕홍전), 27p(광명문, 신기전 기화차, 흥천사 종, 자격루), 28p(정관헌, 정관헌 철제 난간), 29p(이화장), 30p(기와의 숫막새와 암막새, 유현문. 유현문의 아치 부분), 31p(덕홍전, 석조전, 정관헌의 이화장), 32p(석조전 동관, 석조전 서관), 33p(석조전 앞 분수대), 35p(황궁우), 36p(덕수궁 돌담길, 서울시립미술관), 38p(정동제일교회, 아펜젤러 선교사 동상, 최병헌 목사 동상), 39p(구세군교회), 40p(배재학당, 배재공원), 41p(이화백주년기념관 이정표, 이화박물관), 42p(유관순 열사가 공부하던 교실, 졸업장, 교복 변천사, 유관순 열사가 빨래하던 우물, 스크랜튼 여사의 동상, 이화학당 백주년 기념비, 교훈과 급훈), 43p(중명전, 을사조약이 체결되었던 중명전), 46p(구 러시아 공사관 이정표, 러시아 공사관), 50p(경교장, 4·19혁명 기념 도서관), 51p(서울역사박물관, 덕수 등학교), 55p(대한제국 역사 연표)

덕수궁 3p(정관헌 전통 다례 행사, 덕수궁 야외 음악회 포스터)

* 덕수궁 관리사무소와 이화박물관에서 촬영 협조해 주셨습니다.

초등학교 교과서와 관련된 학년별 현장 체험학습 추천 장소

1학년 1학기 (21곳)	1학년 2학기 (18곳)	2학년 1학기 (21곳)	2학년 2학기 (25곳)	3학년 1학기 (31곳)	3학년 2학기 (37곳)
철도박물관	농촌 체험	소방서와 경찰서	소방서와 경찰서	경희대자연사박물관	IT월드(과천정보나라)
소방서와 경찰서	광릉	서울대공원 동물원	서울대공원 동물원	광릉수목원	강원도
시민안전체험관	홍릉 산림과학관	농촌 체험	강릉단오제	국립민속박물관	경희대자연사박물관
천마산	소방서와 경찰서	천마산	천마산	국립서울과학관	광릉수목원
서울대공원 동물원	월드컵공원	남산골 한옥마을	월드컵공원	국립중앙박물관	국립경주박물관
농촌 체험	시민안전체험관	한국민속촌	남산골 한옥마을	기상청	국립고궁박물관
코엑스 아쿠아리움	서울대공원 동물원	국립서울과학관	한국민속촌	서대문자연사박물관	국립국악박물관
선유도공원	우포늪	서울숲	농촌 체험	선유도공원	국립부여박물관
양재천	철새	갯벌	서울숲	시장 체험	국립서울과학관
한강	코엑스 아쿠아리움	양재천	양재천	신문박물관	남산
에버랜드	짚풀생활사박물관	동굴	선유도공원	경상북도	남산골 한옥마을
서울숲	국악박물관	고성 공룡박물관	불국사와 석굴암	양재천	롯데월드민속박물관
갯벌	천문대	코엑스 아쿠아리움	국립중앙박물관	경기도	국립민속박물관
고성 공룡박물관	자연생태박물관	옹기민속박물관	국립민속박물관	이화여대자연사박물관	삼성어린이박물관
서대문자연사박물관	세종문화회관	기상청	전쟁기념관	전쟁기념관	서대문자연사박물관
옹기민속박물관	예술의 전당	시장 체험	판소리	천마산	선유도공원
어린이 교통공원	어린이대공원	에버랜드	DMZ	한강	소방서와 경찰서
어린이 도서관	서울놀이마당	경복궁	시장 체험	화폐금융박물관	시민안전체험관
서울대공원		강릉단오제	광릉	호림박물관	경상북도
남산자연공원		몽촌역사관	홍릉 산림과학관	홍릉 산림과학관	월드컵공원
삼성어린이박물관		국립현대미술관	국립현충원	우포늪	육군사관학교
			국립4·19묘지	소나무 극장	해군사관학교
			지구촌민속박물관	예지원	공군사관학교
			우정박물관	자운서원	철도박물관
			한국통신박물관	서울타워	이화여대자연사박물관
				국립중앙과학관	제주도
				엑스포과학공원	천마산
				올림픽공원	천문대
				전라남도	태백석탄박물관
				경상남도	판소리박물관
				허준박물관	한국민속촌
					임진각
					오두산 통일전망대
					한국천문연구원
					종이미술박물관
					짚풀생활사박물관
					토탈야외미술관

4학년 1학기 (34곳)	4학년 2학기 (56곳)	5학년 1학기 (35곳)	5학년 2학기 (51곳)	6학년 1학기 (36곳)	6학년 2학기 (39곳)
강화도	IT월드(과천정보나라)	갯벌	IT월드(과천정보나라)	경기도박물관	IT월드(과천정보나라)
갯벌	강화도	광릉수목원	강원도	경복궁	KBS 방송국
경희대자연사박물관	경기도박물관	국립민속박물관	경기도박물관	덕수궁과 정동	경기도박물관
광릉수목원	경복궁 / 경상북도	국립중앙박물관	경복궁	경상북도	경복궁
국립서울과학관	경주역사유적지구	기상청	덕수궁과 정동	고성 공룡박물관	경희대자연사박물관
기상청	경희대자연사박물관	남산골 한옥마을	경상북도	국립민속박물관	광릉수목원
농촌 체험	고창, 화순, 강화 고인돌유적	농업박물관	경희대자연사박물관	국립서울과학관	국립민속박물관
서대문자연사박물관	전라북도	농촌 체험	고인쇄박물관	국립중앙박물관	국립중앙박물관
서대문형무소역사관	고성공룡박물관	서울국립과학관	충청도	농업박물관	국회의사당
서울역사박물관	충청도	서울대공원 동물원	광릉수목원	롯데월드민속박물관	기상청
소방서와 경찰서	국립경주박물관	서울숲	국립공주박물관	몽촌토성과 풍납토성	남산
수원화성	국립민속박물관	서울시청	국립경주박물관	민주화현장	남산골 한옥마을
시장 체험	국립부여박물관	서울역사박물관	국립고궁박물관	백범기념관	대법원
경상북도	국립서울과학관	시민안전체험관	국립민속박물관	서대문자연사박물관	대학로
양재천	국립중앙박물관	경상북도	국립서울과학관	서대문형무소 역사관	민주화현장
옹기민속박물관	국립국악박물관 / 남산	양재천	국립중앙박물관	서울역사박물관	백범기념관
월드컵공원	남산골 한옥마을	강원도	남산골 한옥마을	조선의 왕릉	아인스월드
철도박물관	농업박물관 / 대법원	월드컵공원	농업박물관	성균관	서대문자연사박물관
이화여대자연사박물관	대학로	유명산	롯데월드민속박물관	시민안전체험관	국립서울과학관
천마산	롯데월드민속박물관	제주도	충청도	경상북도	서울숲
천문대	몽촌토성과 풍납토성	짚풀생활사박물관	서대문자연사박물관	암사동 선사주거지	신문박물관
철새	불국사와 석굴암	천마산	성균관	운현궁과 인사동	양재천
홍릉 산림과학관	서대문자연사박물관	한강	세종대왕기념관	전쟁기념관	월드컵공원
화폐금융박물관	서울대공원 동물원	한국민속촌	수원화성	천문대	육군사관학교
선유도공원	서울숲	호림박물관	시민안전체험관	철새	이화여대자연사박물관
독립공원	서울역사박물관	홍릉 산림과학관	시장 체험 / 신문박물관	청계천	중남미박물관
탑골공원	조선의 왕릉	하회마을	경기도	짚풀생활사박물관	짚풀생활사박물관
신문박물관	세종대왕기념관	대법원	강원도	태백석탄박물관	창덕궁
서울시의회	수원화성	김치박물관	경상북도	해인사 고려대장경과 장경판전	천문대
선거관리위원회	승정원 일기 / 양재천	난지하수처리사업소	옹기민속박물관	호림박물관	우포늪
소양댐	옹기민속박물관	농촌, 어촌, 산촌 마을	운현궁과 인사동	유니세프 한국위원회	판소리박물관
서남하수처리사업소	월드컵공원	들꽃수목원	육군사관학교	무령왕릉	한강
중랑구재활용센터	육군사관학교	정보나라	이화여대자연사박물관	현충사	홍릉 산림과학관
중랑하수처리사업소	철도박물관	드림랜드	전라북도	덕포진교육박물관	화폐금융박물관
	이화여대자연사박물관	국립극장	전쟁박물관	서울대학교 의학박물관	훈민정음
	조선왕조실록 / 종묘		창경궁 / 천마산	상수허브랜드	상수도연구소
	종묘제례		천문대		한국자원공사
	창경궁 / 창덕궁		태백석탄박물관		동대문소방서
	천문대 / 청계천		한강		중앙119구조대
	태백석탄박물관		한국민속촌		
	판소리 / 한강		해인사 고려대장경과 장경판전		
	한국민속촌		화폐금융박물관		
	해인사 고려대장경과 장경판전		중남미문화원		
	호림박물관		첨성대		
	화폐금융박물관		절두산순교유적지		
	훈민정음		천도교 중앙대교장		
	온양민속박물관		한국에너지기술연구원		
	아인스월드		한국자수박물관		
			초전섬유퀼트박물관		